U0088423

天天
快樂
幸福學

荷馬・克羅伊是個寫過好幾本書的作家。以前他寫作的時候，常常被紐約公寓熱水燈的響聲吵得異常煩躁。蒸氣會怦然作響，然後又是一陣嗤嗤的聲音——而他則在他的書桌前氣得直叫。

「後來」，荷馬・克羅伊說，「有一次我和幾個朋友一起出去露營，當我聽到木柴燒得很響時，我突然想到：這些聲音多像熱水器的響聲，為什麼我會喜歡這個聲音，而討厭那個聲音呢？

我回到家以後，跟自己說：『火堆裡木頭的暴烈聲，是一種很好聽的聲音，熱水器的聲音也差不多，我該埋頭大睡，不去理會這些噪音。』結果，我果然做到了：頭幾天我還會注意熱水器的聲音，可是不久我就把它們整個忘了。」

很多其他的小憂慮也是一樣，我們不喜歡那些，結果弄得整個人很頹喪，這都是因為我們都誇大了那些小事的重要性……」

狄士雷里說過：「生命太短促了，不能再只顧小事。」

我們常常讓自己因為一些小事情、一些應該不屑一顧和忘了的小事情弄得心煩意亂……人活在這個世上只有短短的幾十年，而我們浪費了很多不可能再補回來的時間，去煩惱一些在一年之內就會被所有人遺忘了的小事。

不要這樣，讓我們把時間只用在值得做的事情上，去運用正確的思維，去經歷真正的感情，去做必須做的事情。我們不能因為被蚊子咬了一口就不吃飯，不喝水的生悶氣。因為生命太短暫了，不該再顧及那些小事。

行動起來吧！別為小事所累，要忘記不開心。

目錄

目錄

雨的心情

從前有一個漁夫，脾氣非常暴躁。他每天都會去離家不遠的一條河裡去打魚。有一天，他剛剛撒下網不久，天上竟雷電交加，不一會兒傾盆大雨就排山倒海地下了下來。

眼看著自己剛剛撒下的網和空空如也的魚簍，漁夫非常生氣，他懷著滿腹的「怒氣」開始用力地收網，但事有不巧，漁網被河底裡的水草纏住了，任他怎樣抖動，就是收不起來，後來一氣之下，他將漁網撕扯得破破爛爛，這還不夠，最後又一頭栽進了池塘，再也沒有爬上來。

其實，現實生活中還真存在著那麼一些人，天氣對他們的影響很大，境遇也是如此。

也許你正遭受挫折、傷心、難過；也許你在質疑自己，也質疑環境；也許你在大聲咒罵，憤憤於這個世界的不公。這些都是正常的情緒，因為不如意事，往往是十有八九，這是事實。但你想總是如此嗎？你想改變嗎？你想讓自己一直陷入這樣不快樂的情緒嗎？你絕對可以讓自己快樂，只看你願不願意而已。

上司的咆哮、隔壁的狗叫、混亂的交通、忽晴忽雨的天氣，這些都不是我們能控制的，也是難以改變的，可是讓自己變快樂，絕對是我們能做到的。

有一個最簡單的方法，也是最快的方法，那就是：改變自己。

晴天可以令人高興，雨天當然也可以令人高興；成功可以令人欣喜，失敗當然也可以令你快樂。晴天可以令萬物得以生長，雨天令植物可以滋潤；成功令一切的努力有了代價，失敗令錯誤的決定方針可以重新調整。一切的事情都會發生，只是看你心態如何調整而已。

人生物語：

你改變不了天氣，改變不了環境，但你卻可以改變你自己的心情。

財主的選擇

有一個財主犯了罪，被帶到縣衙審問。

縣太爺為了證明自己是個清官，提出三種懲罰的方式讓財主選擇：第一種是罰五十兩銀子，第二種是抽五十皮鞭，第三種是生吃五斤大蒜。財主既怕花錢又怕挨打，就選擇了第三種。

在人們的圍觀下，財主開始吃大蒜，「吃大蒜倒不是什麼難事，這是最輕的懲罰。」當吃了第一顆大蒜時，財主這樣想。

可越往下吃越感到難受，吃完二斤大蒜的時候，他感到自己的五臟六腑都在翻騰，像被烈火炙烤一樣，他流著淚喊道：「我不吃大蒜了，我寧願挨五十皮鞭！」

執法的衙役剝去財主的衣服，把他按到一條板凳上，當著他的面把皮鞭蘸上了鹽水和辣椒粉，財主看得膽戰心驚，嚇得渾身發抖。

當皮鞭落在財主的背上時，財主像殺豬一般地嚎叫起來，打到第十下的時候，財主痛得屁滾尿流，終於忍不住叫道：「青天大老爺啊！可憐可憐我吧！別再打我了，罰我五十兩銀子吧！」

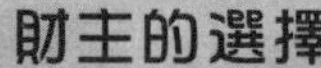

人生物語：

很多事情都是這樣，譬如，有些人為了省錢，寧願忽視自己的健康，可是等到他吃夠了苦頭，不得不為健康花大把的金錢時，已經太遲了。

早知如此，何必當初？花錢買罪受，得不償失。

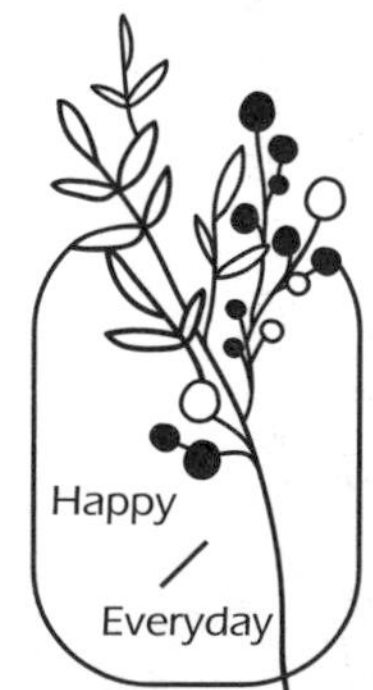

生命的堅持

十五世紀中葉的一個夏天，航海家哥倫布從海地島海域向西班牙勝利返航。經歷了驚濤駭浪的船員都在甲板上默默祈禱：上帝呀！請讓這和煦的陽光一直陪伴我們返回到西班牙吧！

但船隊剛離開海地島不久，天氣就驟然變得十分惡劣了。天空佈滿烏雲，遠方電閃雷鳴，巨大的風暴從遠方的海上向船隊撲來。這是哥倫布航海史上所遭遇的最大一次風暴，有幾艘船已經被大浪打翻了，一眨眼間，船便沉入了大海的深淵。船長悲壯地告訴哥倫布說：「我們將永遠無法踏上陸地了。」

哥倫布知道，或許就要船毀人亡了，他歎口氣對船長說：「我們可以消失，但資料卻一定要留給後人。」哥倫布鑽進船艙，在瘋狂顛簸的船艙裡，迅速地把最為珍貴的資料濃縮寫在幾頁紙上，捲好並塞進一個玻璃瓶裡加以密封後，將玻璃瓶拋進了波濤洶湧的茫茫大海。

「有一天，這些資料一定會漂到西班牙的海灘上！」哥倫布自信而肯定地說。

「絕不可能！」船長說，「它可能會葬身魚腹，也可能被海浪擊碎，或許會深埋海底。」

哥倫布自信地說：「或許是一年兩年，也許是幾個世紀，但它一定會漂到西班

牙去，這是我的信念。上帝可以辜負生命，卻絕不會辜負生命所堅持的信念。」

幸運的是，哥倫布和他的大部分船隻，在這次空前的海上風暴中死裡逃生。回到西班牙後，哥倫布和船長都不停地派人在海灘上尋找那個漂流瓶，但直到哥倫布離開這個世界時，漂流瓶也沒有被找到。

一八五六年，大海終於把那個漂流瓶沖到了西班牙的比斯開灣，而此時距離哥倫布遭遇的那場海上風暴，已經整整經過了三個多世紀。

人生物語：

人生一定要有堅定的信念，上帝可以辜負生命，但絕不會辜負生命所堅持的信念。

澆水

有兩個人一起在沙漠裡種胡楊樹。其中一個老人待樹苗成活後，每隔三天就要來給樹苗澆水。另一個人到樹苗成活後，就很少來了。只是偶爾來看一下，並把被風刮倒的樹苗扶正，澆上一點點的水。

兩年後，兩片胡楊樹的樹幹都長得有茶杯般粗了。忽然有一天，沙塵暴席捲而來。風停了之後，人們驚訝地發現，老人種的樹幾乎都被風刮倒，有的甚至連根拔起；而另一個人種的樹，就只是被風吹折了一些樹枝和樹葉。

問其原因，那人道：你經常給樹澆水施肥，它的根就不往泥土深處扎。而我把樹栽活後就不再去理睬它，逼得它們不得不把自己的根一直扎進地底下的源泉中去。試想一下，有這麼深的根，怎會輕易被暴風刮倒呢？他獨到的真知，精闢的見解，入木三分，發人深省。至於怎樣在沙漠裡種樹，是不是應該像這個人那樣種，看來都不重要了。

樹似乎與人近似，對它太慇勤了，就培養了它的惰性。人似乎與樹相像，四周的人都對他呵護有加，他就難以具備遭遇各種不同挫折的準備及對變化莫測社會的戒備。

樹有生命。南方的大榕樹以其枝繁葉茂、幹壯根盤的飄逸風姿，令遊人戀戀不

澆水

捨；沙漠裡的胡楊樹，以其伶仃瘦骨、莖實葉堅笑傲自然，令文人墨客敬佩不已。肥沃和貧瘠都可以孕育生命，但肥沃孕育的生命缺乏那種不屈不撓的精神，缺乏貧瘠中所孕育的毅力和堅韌。

即使生命有適合的土壤，也不能給它過分的溫暖，經歷些風雨的滌蕩、經歷些艱苦劫難才是對生命的最愛。

即使生長在最不適宜的地方，也不能對它冷嘲熱諷。因為，只要它拚命向下扎根，拚命吮吸大地母親的乳汁，終有一天它會頂天立地、傲視蒼穹。

人生物語：

「樹猶如此，人何以堪？」正如溫室裡養不出青松一樣，過分的呵護會使人失去成長的能力，稍遇風雨就會倒下。因此，成長需要自己的空間，需要自己去扎根於現實。

花的效應

有一對夫婦開車經過鄉下的一家餐廳。停下來用餐時，太太想去一下洗手間。一進洗手間便看見一盆盛開的鮮花擺在一張老舊但卻非常雅致的木頭桌子上。洗手間裡收拾得非常整齊，可以說是一塵不染。這位太太使用過之後，也主動把洗手台擦拭得乾乾淨淨。太太上車前對餐廳老闆說，那些鮮花可真漂亮。

「謝謝，」老闆得意地說，「您知道嗎？我在那裡擺鮮花已經有十多年了。您絕對想不到那小小的一盆花替我省了多少清潔工作。」

人生物語：

人才是環境的主宰，讓環境更好的辦法是保持乾淨，使我們的心靈保持乾淨的辦法就是立即除去污穢，也因此能和那些心靈高尚的人相互影響。

陽光就在自己的頭頂

有一天，她和兒子一道種豆子，由於天氣乾旱、老鼠猖獗，她把種子埋得很深。過了幾天，她帶兒子去察看。

翻開土壤，發現很多種子都生出了長莖，頂端是兩瓣黃黃的嫩芽，柔弱的生命正在土壤的空隙中努力地往上生長，很快將要破土而出。

兒子驚訝地問她：「媽媽，小豆苗長眼睛了嗎？」

「沒有。」她照實回答。

「那它們怎麼知道都要往上長，而不往下長呢？」

「因為它們要尋找太陽，沒有陽光它們最終會死的。」

「媽媽，要是沒有陽光我們人也會死嗎？」兒子再次問她。

肯定會的。

但她不敢這樣回答，只好對他說：「孩子你放心，不會沒有陽光的。」

人生物語：

衝破阻礙，才能獲得生命。種子的力量在於相信地面有陽光，人也一樣，只有相信始終有陽光在頭頂，才不會迷失和埋沒。

人的生命裡時常會有失去陽光的日子，就像種子被埋在土裡一樣。埋得很深的種子，固然生長艱難，但長大後必定根深葉茂，能經得起風雨。人何嘗不是如此？但總有不少人在歷經挫折之後，以為前途一片黑暗，因此而迷失了方向。種子沒長眼睛，但向上的種子告訴我們，陽光就在自己的頭頂！

國王的車伕

天氣很好，國王的心情很好，他決定放下手頭公務，到御花園去散步。

國王正隨意的走著，忽然看見前面跪著一個人。

國王嚇了一跳，問隨從：「那是誰，跪在那裡做什麼?叫他過來。」

那人來到跟前，連連嗑頭，說：「小人受人陷害，求萬歲爺救命。」

「你是幹什麼的?」國王問。

「二十年來，小人一直為國王您趕車。」

「你抬起頭來——咦，我怎麼沒見過你?」

侍衛聽到這話，斥道：「還不快滾!」那人慌忙爬起來，退了幾步，轉身要走。

國王看到他的背影，若有所思，命隨從：「叫他回來。」

國王說：「他的確是我的車伕，我是看到他的背影才想起來。」

人生物語：

有時候，一直在你身邊的人，你不一定熟悉。距離、位置角度的改變，會令人不認識曾經熟悉的東西，當你是領導人時，別人也許只是認識你手中的權力，未必認識你這個人。

人生的樓層

有一對兄弟，他們的家住在八十層樓上。有一天他們外出旅行回家，發現大樓停電了！雖然他們背著大包的行李，但看來別無選擇了，於是哥哥對弟弟說，我們就爬樓梯上去吧！於是，他們背著兩大包行李開始爬樓梯。

爬到二十樓的時候他們開始覺得累了，哥哥說：「行李太重了，不如這樣吧！我們把行李放在這裡，等電來了之後再坐電梯來拿。」於是，他們就暫時把行李放在二十樓，繼續的向上爬。

他們有說有笑地往上爬，但是好景不長，到了四十樓時，兩人實在是累壞了。心想目前為止只爬了一半，兩人便開始互相埋怨起來，指責對方過於粗心沒注意大樓的停電公告，才會落得如此下場。

他們邊吵邊爬，就這樣一路爬到了六十樓。到了六十樓，他們累得連吵架的力氣也沒有了。弟弟對哥哥說：「我們不要吵了，爬完它吧！」於是他們默默地繼續往上爬，終於八十樓到了！興奮地來到家門口的兄弟倆才發現他們的鑰匙還留在二十樓的行李中……

人生物語：

人在二十歲之前，在周遭人的期望之下，背負著許多的壓力和包袱，自己不夠成熟、能力不是太足，因此步履難免不穩。

二十歲之後，離開了眾人的壓力，卸下了包袱，開始全力以赴地追求自己的夢想，就這樣愉快地過了二十年。

可是到了四十歲，發現青春已逝，不免產生許多的遺憾和追悔，於是開始遺憾這個、惋惜那個、抱怨這個、嫉恨那個……就這樣又抱怨了二十年；到了六十歲，發現人生已經所剩不多了，於是告訴自己不要再抱怨了，就珍惜剩下的日子吧！於是默默地走完了自己的餘年。

到了生命的盡頭，才想起我們在年輕的時候還有許許多多的事情沒有完成，而我們卻把時間都浪費在抱怨之中……

鞋中的一粒沙

有一個參加長跑比賽的選手每天都在趕路。有一次，在走過一片沙灘時，鞋子裡被灌滿了沙子，他匆匆把鞋子脫下，胡亂地把沙子倒出，便又急急忙忙地繼續奔向前面的路程。

可是有一粒沙子仍留在他的鞋裡，在他以後的路程中，那粒沙子磨著他的腳，使他走一步，疼一步。但他並沒有停下把鞋子脫掉抖出那粒磨自己腳的沙子，而是繼續匆忙的往前行，因為他擔心日落西山時趕不到住宿的地方。

於是，在痛苦中他終於趕到了那個地方。

天晚了，疲乏的他忘了脫去鞋子取出沙子便沉沉入睡了。而第二天，天剛微亮他便又急忙啟程，奔向新的目標。就這樣，他便在痛苦中疲憊，又在疲憊中啟程。

直到有一天，在離終點不遠的地方，因腳痛難忍，他不得不停下腳步，最後放棄了比賽。當被懊喪、痛苦包圍著的他忍著揪心的痛把鞋脫掉時，他發現讓自己痛苦了幾天並放棄比賽的竟僅僅是一粒沙子！

人生物語：

一粒沙子，微不足道，但卻是造成了前途的極大障礙，因此必須盡早排除，以免後患無窮。有些細節，不注意就會使我們功虧一簣，前功盡棄，甚至置人於死地。一顆小螺絲帽會讓船沉入太平洋，一個錯別字會使文章離題萬里。在人生的旅途中，不論有多麼的緊急，都該先把鞋裡的沙子倒出來。

永遠不晚

日語補習班開學報名時，來了一位老者。

「幫孫子報名嗎？」櫃台小姐問。

「不，是替我自己。」老人回答。

小姐愕然。

屋裡那些年輕的報名者也愕然，有的還忍不住噗哧笑出聲。

老人解釋：「我兒子在日本娶了個媳婦，他們每次回來，說話嘰里咕嚕的，我完全聽不懂。我想聽懂他們說的話。」

「您今年高壽？」小姐問。

「六十八。」

「你想聽懂他們的話，最少要學兩年。但兩年以後你都已經七十歲了。」

老人笑吟吟地反問：「孩子，妳認為我如果不學，兩年以後我會變成六十六歲嗎？」

人生物語：

不怕慢，就怕站。只要你願意開始，就會有收穫。站著或者躺著的人，只是重複撕去日曆的一頁，徒增歲月。

老人學與不學的結果，在於面對兒媳時是談笑風生還是呆若木雞的天壤之別。而同樣都是兩年後七十歲，「活到老，學到老」，讓生命更精彩。

Happy / Everyday

陽光和乞丐

大概發現有人在看他，乞丐回頭看了一眼，那人急忙垂下自己憐憫的目光。過了一兩分鐘，行人忍不住再次回頭，發現乞丐也正回頭望他，他們的視線相互接觸在一起，行人想他也許需要錢，就從口袋裡拿出一枚一角的硬幣，起身追趕上他，扔進他隨意抬起的鐵罐裡。鐵罐空空的，這枚硬幣落進去發出清脆的一響。乞丐回過了頭，有些詫異地看了看那枚硬幣，又看了看行人，眼神很怪。難道嫌少？誰知接下來他竟將一角錢塞還到行人手中，那人一下子愣住了。

只聽到他說：「小姐，我是來這裡是曬太陽的，不是來要錢的。」然後轉身走了，在幾十米外的草坪上，他將鐵罐放在地上，很舒適地把一條腿搭在鐵罐上，陽光灑在他臉上，一片安詳自在。行人的心有些顫動，她為自己的狹隘臉紅。

人生物語：

難道一個乞丐享受陽光的恩賜時，也必須帶著乞討的心情嗎？

有時候，事情並不是一成不變的。換一種心情去看，乞丐也不光是為了要錢，他也有享受陽光的愜意時刻，也有其生活的方式。不妨換個想法去看人和事，一切並非都是「昨日重現」。

柔韌的抗衡

舅舅喜歡用深山裡的龍鬚籐編織栗籃，而我對龍鬚籐是不屑一顧的，因為它過於柔軟，它是那種攀附在樹身上的寄生籐，沒有骨氣。於是，編籃時，我執意選擇一種徑直向著陽光生長的荊條，陽剛而秀頎。籃子編好後，就派上了用場。採板栗時通常要從高高的栗子樹上拋下來，沒幾天的工夫，我編的荊條籃就因反覆撞擊堅硬的岩石而變形潰散。令人驚奇的是，舅舅編的籃子卻完好如初。

看我迷惑不解的神情，舅舅微笑著說：「有時候，柔韌比剛硬更具優勢，就如同這兩個籃子，當牢固結實的荊條籃被摔得崩潰、斷裂時，柔韌無比的龍鬚籐籃卻仍然伸屈自如，不折不撓。」

人生物語：

如果生命也是一個籃子，如果它正遭遇苦難、挫折的撞擊，我們也許宜選擇柔韌來做心靈的防護網，因為它比剛強的對抗更不易受傷，更能承受命運的擠壓。

剛的易折，柔的常存。柔韌是彈性，是伸屈自如，是能折能彎。用柔韌來防護自己，來作為做人做事的指南，那麼，我們在受到傷害時也就會如當初一樣的充滿生命力，充滿激情。

倒塌的牆

一個老太太坐在馬路邊望著不遠處的一堵高牆，總覺得它馬上就會倒塌，很危險。於是見有人往那裡走過去，她就會善意地提醒：「那堵牆快要倒了，離它遠一點！」

被提醒的人不解地看著她，大模大樣地順著牆緣走過去了——那牆卻沒有倒。老太太很生氣：「怎麼不聽我的話呢？」

又有人走來，老太太又予以勸告。三天過去了，許多人都已經牆邊走過去，沒有遇上危險。第四天，老太太感到有些奇怪，又有些失望：「它怎麼沒倒下呢？看上去明明就是快要倒了啊！」她不由自主地走到牆緣下仔細觀看，然而就在此時，牆突然倒了，老太太被掩埋在倒塌的磚石中，氣絕身亡。

人生物語：

有敏銳的眼光去看清成功的景象，也要有持續的毅力，在困難中堅持到底。要相信自己，要有勇氣去行動，做到這些，勝利就不遠了。

是真理就要堅持

學生們向蘇格拉底請教怎樣才能堅持真理。

蘇格拉底要大家坐下來，接著用手指捏著一顆蘋果，慢慢地從每個同學的座位旁邊走過，一邊走一邊說：「請同學們集中精力，注意聞一聞空氣中的氣味。」

然後，他回到講台上，把蘋果拿起來左右晃了晃，問：「哪位同學聞到了蘋果的味道？」

有一位學生舉手回答說：「我聞到了，是蘋果香味的。」

蘇格拉底再次走下講台，拿著蘋果，慢慢地從每一個學生的座位旁邊走過，邊走邊叮囑：「請同學務必集中精力，仔細聞一聞空氣中的氣味。」

稍停，蘇格拉底第三次走到學生中，讓每位學生都聞一聞蘋果。

這一次，除了一位學生之外，其他學生都舉起了手。

那位沒舉手的學生左右看了看，慌忙的也舉起了手。

蘇格拉底拿起蘋果緩緩地說：「非常遺憾，這是一顆假蘋果，什麼香味都沒有。」

人生物語：

放棄自己的堅持而去附和別人，真理便會離你而去。虛幻的真實，有什麼意義呢？應該盡其所能的去做一件事情，才會成功。最可怕的莫過於每天不知道自己該做什麼，而別人都在做該做的事情。

對自己的過失負責

一九二〇年，有個十一歲的美國男孩在踢足球時，不小心打碎了鄰居家的玻璃。鄰居向他索賠十二塊半美元。

在當時，十二塊半美元是筆不小的數目，足足可以買一百二十五隻母雞！闖了大禍的男孩向父親承認了錯誤，父親要他對自己的過失負責。男孩為難地說：「我哪有那麼多錢賠人家？」父親拿出十二塊半美元說：「這些錢可以借給你，但一年後要還我。」從此，男孩開始了艱苦的打工生活。

經過半年的努力，終於存夠了十二塊半美元這個「天文數字」，還給了父親。這個男孩就是日後成為美國總統的羅納德・雷根。

他在回憶這件事時說，透過自己的勞動來承擔過失，使我懂得了什麼叫責任。

人生物語：

犯下錯誤，就應該為錯誤承擔責任，而不是逃避。教育孩子對自己的過失負責，是為了讓他們懂得做人的道理，為以後的成才做好準備。

盲人帶路

一天早晨，倫敦城大霧瀰漫，一片灰濛濛，要看清楚一兩英呎遠的地方都十分困難。公車、小轎車和計程車全都無法行駛，被迫停在路邊。大街上，人們也只能在大霧中慢慢地步行。

史密斯正好要去學院參加一個重要的會議，必須準時趕到那裡。此刻雖然他心急如焚，但也只能摸索著往前走。但沒有過多久，就像其他一些行人一樣迷路了。

就在這時，史密斯遇到了一個熱心腸的人，對方主動地問他有何困難，需要什麼幫助，並介紹說自己名叫鮑伯。在得知史密斯有急事後，鮑伯自告奮勇地替他帶路。就這樣，他們倆寸步不離地走在濃霧之中。

雖然街上能見度很低，但鮑伯卻毫不費力地走著。他帶領著史密斯走過一條巷子，接著拐進一條大街，然後通過一個廣場，他們只用了半個小時就到了學院。

史密斯十分高興，但並不明白這位好心人為什麼能這樣輕車熟路。

「鮑伯先生，真是太感謝您了！」他隨即問道，「在這樣的大霧裡，您是怎樣找到路的？」

「先生，再大的霧也難不倒我，因為我是一個盲人。」鮑伯說。

人生物語：

有的人不是用眼睛去看路，而是用心。習慣成自然，留心了，就會在每條路上來去自如，心到腳到。對於經歷過的人來說，再困難的旅途也不會被難倒。

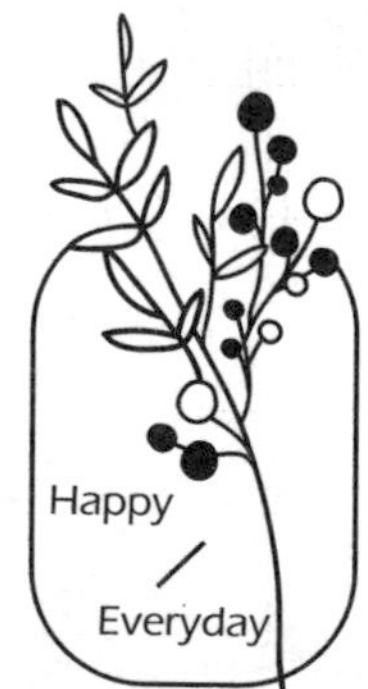

兩隻小雞

從前有一隻公雞和一隻母雞，公雞名叫小喔喔，母雞名叫小咯咯。母雞下了一個黃色的蛋，孵出一隻黃色的小雞，小雞的爸媽管牠叫小唧唧。

有一次，飛來一隻兇惡的老鷹，把雞媽媽咯咯叼走了，從此小唧唧成了孤兒。

公雞領來了另一隻母雞，名字叫科科。

母雞科科下了一個黑色的蛋，孵出一隻黑色的小雞，牠說：「我們得給這隻小雞取一個又美又長的名字。名字越長，壽命也會越長。」

於是，牠們給小黑雞取了一個名字叫做：「我們的小姣姣藍眼睛綠嘴殼紅頂冠飛毛腿機靈的腦袋烏黑的羽毛爸爸媽媽的小寶貝。」名字可真是又美又長。

兩隻小雞在一起生活著。小黃雞總是得工作，而小黑雞呢？誰也不想叫牠去做事。大家一想到要念這麼長的一個名字，都寧可叫小黃雞要來得痛快省事。

「小唧唧，去弄點兒水來！」

「小唧唧，去挖幾條蚯蚓來！」

「小唧唧，去捉些小蟲子來！」

長名字的小黑雞一天到晚只是曬太陽，什麼事也不用做。

有一回，一隻狐狸溜進院子裡，抓住了小黃雞，公雞爸爸忙叫道：

「小唧唧被狐狸抓走啦！」

狗、豬和山羊聞聲趕來追狐狸，狐狸嚇得忙把小黃雞放下跑掉了。

第二天，狐狸又來了，抓住了小黑雞，這次被母雞媽媽看見了，牠忙叫喊道：

「我們的小姣姣藍眼睛綠嘴殼紅頂冠飛毛腿機靈的腦袋烏黑的羽毛爸爸媽媽的小寶貝被狐狸抓住啦！」還沒等牠把這個囉哩囉唆、又長又美的名字說完後，狐狸早已把小黑雞抓走吃下了。

小黑雞因為名字太長太美而落得短命的下場。

人生物語：

虛榮是人生致命的枷鎖，華而不實的修飾是讓人受罪的毒藥。

獅子與主人

一個人在山路上撿到一隻幼小的獅子，便抱回家餵養。他對獅子照顧得無微不至，餵牠吃美味的食物，給牠梳毛，給牠洗澡。獅子對他也親密無間，趴他的肩膀，舔他的手腳，陪他散步，和他戲耍。

獅子在他的懷中漸漸長大，長成一隻威猛的雄獅，也溫馴得如同一條家狗。

有一天，他突發奇想：騎著獅子去旅遊。

於是他騎上了獅子，踏上了旅程。一路上獅子都很聽話，平穩地馱著牠。所到之處人們對他的夾道喝彩，使他更神氣了。

路上有人問他：「獅子不會吃你嗎？」他說：「那怎麼可能呢！」

路上有條狗問獅子：「你怎麼不吃他呢？」獅子說：「那怎麼可能呢！」

一天他們要穿過一片沙漠，路上遇到了風沙，水和食物都被捲走了。

他在痛心之時也去安慰獅子：「朋友忍著點，等過了沙漠，我一定會讓你飽餐一頓的。」並跳下來步行。

一天過去了，獅子餓得圍著他打轉；兩天過去了，獅子餓得舔他的手腳；三天過去了，獅子對他進行了輕輕地撕咬；四天過去了，獅子向他齜起了牙齒；第五天，飢餓的獅子向他瞪起了血紅的眼睛，在他正要上前撫摸牠時，獅子奮力一縱將他撲

倒，瞬間把他撕成了碎片。

至死他都不明白，獅子怎麼會吃了他呢？

人生物語：

有些友誼是建立在溫飽基礎上的，吃飽穿暖才是親密無間的朋友，在生死存亡的時刻便會露出凶殘的本質。

千萬要認清朋友的本質，朋友也要在心裡分個等級。但是，做到捨生為人太不容易了，這是人的本性，當面臨著生存的問題時，道德有時是不管用的，求生才是人性本能的第一反應，道德解決不了所有的問題。

盛飯的哲學

德克薩斯州的亞林諾到了上中學的年齡，母親把他送入當地一所學校。學校對學生實行寄宿管理制，在那裡他還得準備接受為期十天的意志磨練。

學校餐廳的午餐是無限量免費供應的，由於訓練相當艱苦，往往等到亞林諾再去盛第二碗飯的時候，大鍋裡總是空空如也。

第二天，飯又告罄了，十二歲的亞林諾呶著嘴，這已經是他第三次餓肚子了。亞林諾不是一個被寵壞的孩子，但是在對待飢餓這一問題上，他快受不了了！他偷偷地溜出校門，想到外面的快餐店買一塊三明治或是麵包。

他彎著腰，匍匐地穿過一片白楊樹林，正準備翻過學校的圍牆時，很不幸，被校長發現了，他受到了嚴厲的處罰。

第三天，母親來看兒子，亞林諾滿腹委屈地向母親傾訴。

誰知母親聽後哈哈大笑說：「孩子，吃飯的時候，你是不是一開始就盛了滿滿一大碗？」

亞林諾回答道：「是的」。

母親又說：「這就對了，所以你吃不飽！」

亞林諾更詫異了：「我要是不先盛一大碗，那就更吃不飽了。」

母親神祕地一笑：「你可以先盛半碗，這樣你肯定會比別人先吃完，那你就有機會去盛第二碗，而且是滿滿的一大碗！」

人生物語：

亞林諾做的傻事，也許很多人都做過，換個思維去想問題，問題就解決了，關鍵在於我們要如何去超越它。

溫情罰款

有一位警察是自行車的愛好者。一天清早，他在大街上巡邏，突然發現一輛自行車飛速的向他駛來，他下意識地拿出測速儀，開始測定他的速度有沒有違反交通規則。

騎自行車的人沒發現警察在測他的速度，他像一匹野馬一樣衝來。測速儀顯示的速度已經超過了限定的速度，他違規了！

警察這麼一想，覺得不對，天哪！他測出的竟然是汽車的速度，也就是說，這個自行車手的速度超過了汽車。

他感到非常驚訝，他有點不能相信一個人可以把自行車騎得像汽車一樣快。他把那個騎車的人攔下，車手是一位十五、六歲的學生。

警察告訴他，他違反了交通規則，並且要對他開出罰單。警察要學生說出他的學校或家裡住址，否則要對他進行重罰。

那學生說出他騎快車的理由，因為他要趕去上學，不然他就要遲到了。警察聽了這話，想了想笑著對學生說：「那麼，你先去上學，以後我會再與你聯繫。」

不久，那個孩子的學校接到一封信，信是來自哥本哈根最著名的自行車俱樂部，這個俱樂部曾經培養過許多優秀的自行車運動員。信中說，歡迎那位叫斯卡斯代爾

的孩子參加他們的俱樂部，他們將為他提供一切訓練條件，信中還夾寄著一張警察測定的車速。

學校有些驚訝，但他們鼓勵孩子參加自行車俱樂部。

四年後，斯卡斯代爾成為丹麥自行車的冠軍，並在奧運會上拿到自行車運動項目上的第一面金牌。

人生物語：

這張「罰單」無疑是溫情的，是充滿了洞察和仁愛之心的，正因為如此，才發現了一位運動天才，改變了少年的一生。許多時候，我們缺乏的就是這種溫情和憐愛。

得與失

一個猶太富翁，在一次大生意中虧光了所有的錢並且欠下了一大筆債。他賣掉了自己所有的財產才還清債務。

此刻，他年事已高，孤獨一人，窮困潦倒，唯有一隻心愛的獵狗與他相依為命。在一個大雪紛飛的冬夜，他來到一座荒僻的村莊，找到了一個避風的窩棚。他看到裡面有一盞油燈，就用身上僅存的一根火柴點燃了油燈。但一陣風把燈吹熄了，四周立刻又漆黑一片。

孤獨的老人陷入了黑暗之中，此時他對人生感到痛徹的絕望，甚至想結束自己的生命。但站在身邊的獵狗給了他一絲慰藉，他無奈地歎了一口氣沉沉睡去。

第二天醒來，他發現心愛的獵狗也被野獸咬死在門外。撫摸著這隻相依為命的獵狗，他決定要結束自己的生命，他覺得這世間再也沒有什麼值得留戀了。於是，他想最後再看一眼周圍的世界，然後自盡。

他走出窩棚，發現整個村莊都沉寂在一片可怕的寂靜之中。

啊！太可怕了，屍體，到處都是屍體，一片狼藉。顯然，這個村莊昨夜遭到了匪徒的洗劫，整個村莊一個活口也沒留下來。

正是因為燈被吹滅，狗被咬死，他才沒被匪徒發現。看到這可怕的場面，老人不由心念急轉，啊！我是這裡唯一倖存的人。

此時，一輪紅日冉冉升起，照得四週一片光亮。老人欣慰地想：我是村莊裡唯一的倖存者，我沒有理由不珍惜自己。雖然我失去了心愛的獵狗，但是，我得到了生命，這才是人生最寶貴的。

老人懷著堅定的信念，迎著燦爛的太陽又出發了。

人生物語：

每個人都會碰到挫折和失敗，當你為之痛苦時，你已得到人生的真諦和經驗，人生是由得與失連接起來的，當你心平氣和時你就會發現，也許你不是這世上處境最壞的一個。

豪豬取暖

一群豪豬在一個寒冷的冬天擠在一起取暖。但是牠們的刺毛開始互相擊刺，於是不得不分散開。可是寒冷又把牠們聚在一起，於是同樣的事又發生了。

最後，經過幾番的聚散，牠們發現最好是彼此保持相當的距離。同樣，群居的需要使得豪豬聚在一起，只是牠們本性中令人不快的刺毛使得彼此相互厭惡。

後來牠們發現了可以使彼此相安無事的那個距離，便是——禮貌；凡違反禮貌者要受嚴詞警告——用一句簡單的話說——請保持相當距離。在使用這種方法下，彼此取暖的需要不但被滿足了，而且彼此可以不致互刺。

人生物語：

距離是美，是一種保護。人與人之間的相處，也是一樣需要給彼此一些的空間。即使好友、戀人、夫妻也要保持距離。因為，距離會使大家都感到輕鬆、自由、以及想念。

揚子江的渡船

乾隆問金山寺住持說：「揚子江一天裡有幾艘船經過？」

住持態度輕鬆地說：「不多不少，只有兩艘船。」

乾隆急切地問：「經過的船不是很多嗎？怎麼只有兩艘？」

住持指了指江心說：「施主你有所不知，雖然經過的船很多，可是有哪一艘船不是為了名和利而開？」

乾隆似乎有感而發：「真是可惜！眾生最需要的船，卻沒有人開。」

眾生最需要什麼船？眾生需要的是承載著愛的船。

人生物語：

世間眾生缺乏的是愛，早被名利羈絆而疏忽了的也是愛，只要我們學會舉手投足之間充滿了愛意，那麼，世界就會更加的美麗。

撈魚的哲學

在集市上，有一個老人擺了個撈魚的攤子，向有意撈魚者提供漁網，人們可以隨意地從盆中撈魚，而撈起來的魚歸撈魚人所有。當然，世界上沒有如此便宜的事情，因為那個漁網很容易破碎。

有一天，一個年輕的大學生來到這裡，也蹲下去撈起魚來，他一連撈破了三張網，一條小魚也未撈到，心中十分懊惱。

他見老人瞇著眼看自己，似乎是在竊笑自己的愚蠢，便不耐煩地說：「老闆，你這網子做得太薄了，幾乎一碰到水就破了，那些魚怎麼撈得起來？」

老人回答說：「年輕人，你怎麼不想想？當你想要撈起魚時，你打量過你手中的漁網是否真有那能耐嗎？有所追求並不是件壞事，但是也要懂得瞭解你自己有沒有那個實力！」

「可是我還是覺得你的網太薄，根本就撈不起魚。」

老人沒有說話，接過大學生手中的漁網，一會兒就撈起一條活蹦亂跳的小魚來。

「年輕人，你還不懂得撈魚的哲學！這和人們追求事業、愛情和金錢是同樣的道理。當沉迷於一個目標的時候，要衡量自己的實力！不要好高騖遠。」

人生物語：

人生需要目標，但不切實際的目標會使自己困頓而無所得，失望也就隨之而來。況且，在追求目標的同時，也要衡量一下自己的能力。

穿件紅衣服

美國鋼鐵大王卡內基小的時候家裡很窮，有一天，他放學回家時經過一個工地，看到一個穿著華麗，長得很像老闆模樣的人在那兒指揮。

「請問你們在蓋什麼？」他走上前去問那位老闆模樣的人。

「我們正在蓋一個摩天大樓要給我的百貨公司和其他公司使用。」那人說道。

「我長大後要怎樣才能像你這樣？」卡內基用羨慕的口吻說道。

「第一要勤奮工作……」

「這我早知道了，老生常談，那第二呢？」

「買件紅衣服穿。」

「這……這和成功有關嗎？」聰明的卡內基滿臉狐疑。

「有啊，」那人順手指了指前面的工人說道，「你看他們都是我的員工，但都穿著清一色的藍衣服，所以我一個也不認識……」

說完他又特別指向其中一位工人：「但你看那個穿紅襯衫的工人，我注意他很久了，他的身手和其他人差不多，但是我認識他，所以過幾天我會請他做我的副手。」

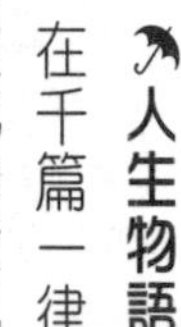

人生物語：

在千篇一律的環境下，你需要的是與眾不同，展現出你的獨特之處，這樣才更容易被成功發現。

「名人」與「自己」

人一出名，蓬蓽生輝。有位書畫家，以其深厚的藝術造詣而聞名海內外。雖然他不喜歡張揚，從不炫耀自己，但總有好事者為他編造美麗動人的故事。特別是那些收藏他字畫的商人，更是天花亂墜地對他進行吹捧和包裝，說他出生於書香世家，是唐伯虎的第N代傳人；小時候聰慧過人，是個一目十行、過目不忘的神童……簡直把他吹捧得神乎其神。

畫家聽後，真是哭笑不得。起初，他只是一笑置之。但隨著知名度的增加，美麗的謊言也越編越離奇，連他自己都不認識自己了。

有一天，有關單位專門為他召開一個藝術研討會。在會上，與會者又異口同聲地對他進行吹捧。此時，畫家再也無法保持沉默了，他感到有責任講明真相以正視聽，於是他對大家說：「我小時候並非神童，是個呆頭呆腦，人稱『呆子』……」

「真是偉人的謙虛。」畫家剛一開口，底下便發出讚歎聲。

「我並非出生於書香世家，而是出生於農民家庭，父母連斗大的字也不識一籮……」

「文盲的父母竟能培養出一個天才，這是歷史奇蹟！」台下又有人高聲讚歎起來。

「名人」與「自己」

「我與名畫家唐伯虎的後裔相差十萬八千里，我的祖先沒有出過一個畫家，倒是曾出過一個打家劫舍的土匪……」

「祖先上的事離得那麼遙遠，不提也罷。」有人連忙制止畫家繼續說下去。

「土匪家裡出了名人，正是可喜的事；名人家裡出了土匪，那才是可恥的事。怎麼能不提呢？」畫家毫不在乎地說。

「很有哲理！很有哲理！」頓時，會場爆發出雷鳴般的掌聲！

此後，在書畫家的頭銜前面，又多了一頂哲學家的桂冠。

誰叫他是名人呢？人一變成「名人」，「自己」就消失了。一個「名人」羞愧的事情越多，他的名聲就越大。

人生物語：

做名人也挺難的，好事一大堆，都分不清自己到底是誰了，但是要是緋聞或醜聞纏身也夠麻煩的，真不如在家待著自在。可是，又是什麼把「名人」變了樣呢？這就值得品味了。

先爬出來的幼龜

旅行者和一個生物學家嚮導，結隊到達南太平洋的加拉巴哥島。那個海島上有許多太平洋綠海龜用來孵化小龜的巢穴，他們想實地觀察一下幼龜是怎樣離開巢穴進入大海的。

幼龜一般在四、五月間離巢而出，爭先恐後的爬向大海。只是從龜巢到大海需要經過一段距離不算短的沙灘。稍不留神便可能成為老鷹等肉食性鳥類的食物。

那天上島時已近黃昏，他們很快就發現一處大龜巢。突然，一隻幼龜率先把頭探出巢穴，卻又欲出而止，似乎在偵察外面是否安全。正當幼龜躑躅不前時，一隻鷹突兀而來，牠用尖嘴啄龜的頭，企圖把牠拉到沙灘上去。

旅行者們緊張地看著眼前的一幕，其中一位焦急地問嚮導：「你得想想辦法啊！」嚮導卻若無其事地答：「叼走就叼走吧，自然之道，就是這樣。」嚮導的冷淡，招來了旅行者們一片「怎會見死不救」的指責。嚮導極不情願地抱起小龜，把牠引向大海。

然而接著發生的事卻使他們極為震驚——當嚮導抱走那隻幼龜不久後，成群的幼龜從巢口魚貫而出——原來那隻幼龜是龜群裡的「偵察兵」！一旦遇到危險，牠便會返回龜巢。現在當偵察的幼龜被引向大海，巢中的幼龜因此而得到錯誤的訊息，以為外面很安全，於是爭先恐後地結伴而行。

沙灘上無遮無擋，很快引來許多肉食性鳥類，牠們確實可以飽餐一頓了。

「天啊！」有個旅行者說「看我們做了些什麼！」

這時，數十隻幼龜已成了老鷹、海鷗的腹中之物，嚮導趕緊脫下頭上的棒球帽，迅速抓起數十隻幼龜，放進帽中，向海邊奔去。旅行者也學著他的樣子，氣喘吁吁地來回奔跑，算是對自己過錯的一種補救吧！

看著數十隻肉食性鳥類吃得飽飽的，發出歡樂的叫聲，旅行者們都低垂著頭，嚮導發出悲歎：「如果不是我們人類，這些海龜根本不會受到危害。」

人生物語：

別以為自己是救世主，是活菩薩。有時候，不必過於操心的去管，萬事萬物都有其門道，不分青紅皂白的幫忙，反而壞了事，是自作聰明。

再撥一次

我們經常會遇到在正忙的時候聽到電話鈴響，而沒能立即接，等到慌慌張張趕去，對方卻已掛斷電話。這時我們多半會在電話旁稍候，盼望對方能再打一次，假使就此沉寂，總會有幾分悵惘。

有些人打電話，如果對方沒反應，都會再撥一次，因為他會猜想是自己撥錯了號碼、電話機跳了號，或對方一時在忙無法接聽，也就因為他的再撥，而能立刻把電話接通。相反的，許多人打電話撥一次，鈴響幾聲沒人接，就把電話掛上，豈知因此而錯失許多通話的機會。

一次不成功，再試一次，撥一次對方沒反應再撥一次！想想自己（難免會撥錯號碼），想想對方（可能剛才正忙著），意外的成功，常常會出現。

打電話如此，做任何事不都一樣嗎？

人生物語：

做任何事都和打電話一樣，再試一次，一定會成功的。

玫瑰依舊飄香

在二十世紀初，有一家人從日本移民到了美國的舊金山。這裡氣候宜人，土地肥沃。他們整出一塊地做苗圃，種植玫瑰花。花兒長得很好，他們每週三次開著小貨車將花卉送到市場去賣，生意很好。

不久，一個來自瑞士的移民家庭做了他們的鄰居。這家人也整出了一快地，種植玫瑰花，並拿到市場去賣，生意也很好。兩家的玫瑰花在舊金山市場都是出了名的。

兩家人和睦相處，做了四十年的鄰居。父母老了，兒子們接替了他們的事業。但在一九四一年九月七日，日本偷襲了珍珠港，美國對日宣戰。美國公佈了《戰時安全法》，將日本僑民全部清查並拘留。這家日本人的後代雖已成了美國公民，但因其老父親仍保留了自己的國籍，所以也沒能例外。

在這家日本人被遣送前，他們的鄰居前來探望並說：「別擔心，我們一定會照顧好你家的苗圃。」

這家日本人被送到科羅拉多州哥瑞納達的一片荒蕪的山丘，住進了油氈頂的簡陋房子，在空蕩蕩的大院子四周，是鐵絲網和持槍的哨兵。

一年、兩年、三年過去了，他們的鄰居一直在苗圃裡耕耘，孩子們放學後都要

去苗圃幫忙鬆土、澆水；為了照顧好兩個大苗圃，孩子們的父親每天要工作十六七個小時……

終於有一天，在一九四五年五月，德國人投降了，二戰就要結束了，這家日本人收拾了簡單的行裝，登上了回家的火車。

在火車站，手捧鮮花的老鄰居一家人滿面笑容地迎接他們。當他們接近自己幾年沒見的苗圃時，一股花香撲鼻而來；這家日本人十分的感動，苗圃仍像當年那樣花朵艷麗，土地鬆軟濕潤，無數的蝴蝶和蜜蜂在花叢中飛舞著。

他們的家中仍是那樣一塵不染，在餐桌上，一大瓶含苞欲放的紅玫瑰散發出醉人的幽香……

人生物語：

快樂在於心理，把心敞開，快樂就會來到，即使時間再久。「幸逢三杯酒美，況逢一朵花新？」依舊有玫瑰飄香，依然有陽光普照，人生應當快樂，應該相信和享受快樂。

魔鬼的錢袋

在一間很破的屋子裡住著一個窮人，他窮得連床也沒有，只好躺在一張長凳上。窮人自言自語地說：「我真想發財呀！如果我發了財，絕不做吝嗇鬼……」

這時候，窮人的身旁出現了一個魔鬼：「好吧！我就讓你發財，我會給你一個有魔力的錢袋。這錢袋裡永遠有一塊金幣，是拿不完的。但是，在你覺得夠了的時候就要把錢袋扔掉，才可以開始花錢。」

話一說完魔鬼就不見了，在他的身邊，真的有一個錢袋，裡面裝著一塊金幣。窮人把那塊金幣拿出來，裡面又有了一塊，於是窮人不斷地往外拿金幣，拿了整整一個晚上，金幣已有一大堆了。第二天，他很餓，想去買麵包。但是，在他花錢以前，必須扔掉那個錢袋。他又開始從錢袋裡往外拿錢，並且不吃不喝地拿。終於，他生病了，不久，他倒下了，死在他的長凳上。

臨死前他說了一句話：「我怎麼沒想到要拿錢去看病呢？」

人生物語：

不光是在金錢面前，很多事物都要有所準則，不要苛刻、貪婪，人生的價值要靠自己把握，迷失了自己就會失去一切。

現在就去做

「等我有錢了，一定要讓我爸我媽過好日子，讓他們去旅遊，讓他們……」，許多孝順父母的年輕人這樣說，說的時候充滿了期待和自豪。

不知你是否聽過這樣一句古話：「樹欲靜而風不止，子欲養而親不待。」

很多人都有這樣的經歷：父母為了把我們養大成人，供我們上學深造等等，含辛茹苦，嘔心瀝血，捨不得吃，捨不得穿，努力地維持我們的日常開支。年幼的我們曾多少次在心底暗暗發誓：等我們長大，等我們學有所成，一定要讓他們過上好日子，一定要好好報答他們。

斗轉星移，當年的苦孩子已然大學畢業步入工作崗位了，他要結婚，要買房，要買車，要買家電用品，他也有了自己的小孩子，要給孩子攢學費……生活陷入新的一輪循環中。而且好像雖然自己已經努力了，可還是同人家有不小的距離。

在這樣那樣的忙碌中，他忽視了遠在老家或退休住在城市另一個角落的雙親，他沒注意到他們的白髮皺紋，沒注意到他們日益虛弱的身軀，沒注意到他們還有什麼需求和想法。也許，他還在想：等我再有些錢，有些閒錢，就請他們上大飯店好好吃一頓，讓他們出去旅遊，給他們買個……

在你去存這些「閒錢」的過程中，忽然有一天，你發現這些錢已無法再花費出去了，你的父母已經不需要了。他們或者已不能再去吃海鮮，也許已不能再去旅遊，也許已不能再坐起來看電視，……也許他們已走了，永遠地離你而去。

有一種痛，永遠無法彌補；有一種傷口，永遠無法癒合。

季羨林先生曾寫過一篇文章，題為《賦得永久的悔》，已是耄耋之年的老人，在內心的深處，仍深深地感受著那永難彌補的苦痛：子欲養而親不待啊！

其實，也許為人父母者根本就沒期望從子女這裡收穫多少回報，他們只是憑本分、良心為我們做了一切，只是希望子女有出息，活得比自己強而已。

也許我們終生都難以賺取足夠讓我們滿意的金錢，但這並不是回報父母的唯一方式。也許我們可以常回家看看；也許我們可以量力而行，花少許的錢讓他們做一次短途旅遊；也許在人有限的生命裡，有些事不能等待以後，對於父母更是如此，「子欲養而親不待」，為了減少你心裡的遺憾，從現在開始做吧！

人生物語：

別再等了！孝就是平時的關心問候、交流，孝就是讓父母開心，別讓父母操心，趁自己想到就去做的事情。別再等了！有些事經不起等待，正如風兒吹過，再也不見蹤影。

水泡做的花環

從前有一個國王，後宮的后妃為他生了一群白白胖胖的王子，好不容易，他最寵愛的妃子終為他生了一位晶瑩剔透的公主。

國王非常疼愛小公主，視她如掌上明珠，捨不得稍加訓責，凡是公主所要求的東西，國王從來不會拒絕，就是天上的星星，國王也恨不得攀登太空，為公主摘下來，點綴為綵衣。

公主在國王的呵護縱容下，慢慢成長為荳蔻年華的少女，漸漸懂得裝扮自己。有一天，春雨初霽的午後，公主帶著婢女徜徉於宮中花園，只見樹枝上的花朵，經過雨水的潤澤，花苞上掛著幾滴雨珠，顯得愈發的妖艷；蓊鬱的樹木，翠綠得逼人眼睛。公主正在欣賞雨後的景致，忽然目光被荷花池中的奇觀所吸引住了。原來池水熱氣經過蒸發，正冒出一顆顆狀如琉璃珍珠般的水泡，渾圓晶瑩，閃耀奪目。

公主入神忘我的突發奇想：「如果把這些水泡串成花環，戴在頭髮上，一定美麗極了！」

公主打定主意，於是叫婢女把水泡撈上來，但是婢女的手一觸及水泡，水泡便破滅無影。

折騰了半天，公主在池邊等得越來越不耐煩，婢女在池裡撈得心急如焚。公主

終於氣憤難忍，一怒之下，便跑回宮中，把國王拉到池畔，對著一池閃閃發光的水泡說：「父王！您一向是最疼愛我的，我要什麼東西，您都依著我。女兒想要把池裡的水泡串成花環，作為裝飾，您說好不好？」

「傻孩子！水泡雖然好看，但終究是虛幻不實的東西，怎麼可能做成花環呢？父王另外給你找珍珠水晶，一定比水泡還要美麗！」國王無限憐愛地看著女兒。

「不要！不要！我只要水泡花環，我不要什麼珍珠水晶。如果您不給我，我就不想活了。」公主驕縱撒野地哭鬧著。

束手無策的國王只好把朝中的大臣們集合於花園，憂心忡忡地商議道：「各位大臣們！你們號稱是本國的奇工巧匠，你們之中如果有人能夠以奇異的技藝，以池中的水泡，為公主織成美麗的花環，我便重重獎賞。」

「報告陛下！水泡剎那生滅，觸摸即破，怎麼能夠拿來做花環呢？」大臣們面面相覷，不知如何是好。

「哼！這麼簡單的事，你們都無法辦到，我平日是如何善待你們的？如果無法滿足我女兒的心願，你們就統統提頭來見。」國王盛怒地呵斥道。

「國王請息怒，我有辦法替公主做成花環。只是老臣我老眼昏花，實在分不清楚水池中的泡沫，哪一顆比較均勻圓滿，能否請公主親自挑選，交給我來編串。」一位鬢髮斑白的大臣神情篤定地打圓場。

公主聽了，興高采烈地拿起瓢子，彎起腰身，認真地舀取自己中意的水泡。本來光彩閃爍的水泡，經公主輕輕一觸摸，霎時破滅，變為泡影。

撈了老半天，公主一顆水泡也拿不起來，睿智的大臣於是慈藹地對一臉沮喪的公主說：「水泡本來就是生滅無常，不能常駐久留的東西，如果把人生的希望建立在這種虛假不實、瞬間即逝的現象上，到頭來必然空無所得。」

人生物語：

有夢想，人生才精彩。但是做一個不現實的、根本無法實現的夢只能是徒增煩惱，注定是無法完成的，就像如夢幻泡影。

想飛的賣魚郎

一位年輕人靠著賣魚來為生，有一天，他一面吆喝，一面環視四周，注意看是否有人來買魚。

突然，一隻老鷹從空中俯衝而下，在他的魚攤叼了一條魚後立刻轉身飛向空中。賣魚郎很生氣地大喊大叫，可是，他也只能無奈地看著那隻老鷹愈飛愈高、愈飛愈遠。他氣憤地自言自語：

「可惜我沒有翅膀，不能飛上天空，否則一定不放過你！」

那天他回家時，經過一座地藏王廟，他就跪在地藏王廟前，祈求地藏王菩薩保佑他變成老鷹，能展翅飛翔於天空。

從此以後，他每天經過地藏王廟，都會如此殷切地祈求。

一群年輕人看到他天天向菩薩祈求，就很好奇地相互討論，其中一人說：「這位賣魚的人，每天都希望能變成一隻老鷹，可以飛上天空。」

另一人就說：「哎喲！他傻傻地祈求，要求到何時？不如我們來作弄他！」大家交頭接耳，想了一個方法要欺負他。

第二天，其中一位年輕人先躲在地藏王菩薩像的後面。

賣魚郎來了，照樣虔誠地祈求、禮拜。

這時，躲在菩薩像後面的那位年輕人就說：「看你求得這麼虔誠，我要滿足你的願望，你可以到村內找一棵最高的樹，然後爬到樹上試試看。」

賣魚郎以為真的聽到地藏王菩薩的指示，非常歡喜，趕快跑進村裡找到一棵最高的樹，然後爬到樹上。

那棵樹實在太高了。他愈往上爬，愈覺得擔心。

他爬上樹頂，向下一看「哇！這麼高！我真的能飛嗎？」

那群年輕人也跟著來看，他們在樹下故意七嘴八舌地喊道：

「你們看，樹上好像有一隻大老鷹，不知道牠會不會飛？」

「既然是老鷹，一定會飛嘛！」

賣魚郎心裡很高興，他想：「我果然已變成一隻老鷹了！」既然是老鷹，哪有不會飛的呢？

於是展開雙手，擺出展翅欲飛的架勢，從樹頂跳下去。可是，怎麼不是向上飛，而是向下墜落呢？好可怕啊！但是已經來不及了。

幸好，他落在泥漿地上，陷入爛泥巴和水草之中，只受到輕傷。

那些年輕人跑過來，幸災樂禍地取笑他。

他說：「你們笑什麼？我只是兩隻翅膀跌斷了，不是飛不起來啊！」

人生物語：

做事之前要先想想是不是現實可行，可不可以避免愚蠢的行動。可以避免的，若要硬碰，只會是貽笑眾人。

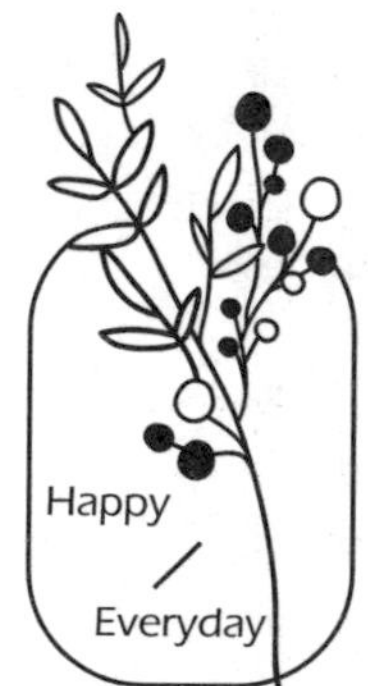

人生之路

一座泥像立在路邊，歷經風吹雨打。他多麼想找個地方避避風雨，然而他無法動彈，也無法呼喊。他十分的羨慕人類，覺得做一個活生生的人真好，可以無憂無慮，自由自在地到處閒逛。他決定抓住一切機會，向人類呼救。

這天，一個神仙路過此地，泥像用他的眼神向神仙發出呼救。

「老人家，請讓我變成一個活生生的人吧！」泥像說。

神仙看了看泥像，笑了笑，手臂一揮，泥像真的變成了一個活生生的青年。「你要想變成一個活生生的人可以，但是你必須先跟我試走一下人生之路，假如你承受不了人生的痛苦，我馬上可以把你還原。」神仙說。

於是，青年跟隨神仙來到一個懸崖邊。

只見兩座懸崖遙遙相對，此崖為「生」，彼崖為「死」，中間由一條長長的鐵索橋連接著。這座鐵索橋又由一個個大小不一的鐵環串聯而成。

「現在，請你從此岸走向彼岸吧！」神仙一拂，已經將青年推上了鐵索橋。

青年戰戰兢兢的，踩著一個個大小不同鏈環的邊緣前行，然而，一不小心，一下子跌進了一個鐵環之中，頓時兩腿失去了支撐，胸口被鏈環卡得緊緊的幾乎透不過氣來。

「啊！好痛苦呀！快救命呀！」青年揮動雙臂，大聲呼救。

「請君自救吧！在這條路上能夠救你的，只有你自己。」神仙在前方微笑著說。

青年扭動身軀，拚死掙扎，好不容易才從痛苦之環中解脫出來。「你是個什麼鏈環，為何卡得我如此痛苦？」青年憤然道。

「我是名利之環。」腳下的鏈環答道。

青年繼續朝前走。忽然，隱約間，一個絕色美女朝青年嫣然一笑，青年飄然走神，腳下一滑，又跌入一個環中，被鏈環死死卡住。

「救……救命呀！好痛呀！」青年驚恐地再次呼救。

可四週一片寂靜，沒人回答他，更沒人來救他。

這時神仙再次在前方出現，他微笑著緩緩道：

「在這條路上，沒有人可以救你，只有你自己自救。」

青年拼盡全力，總算從這個環中掙扎了出來，然而他已累得精疲力竭，便坐在兩個鏈環間小憩。

「剛才這是個什麼痛苦之環呢？」青年想。

「我是美色鏈環。」腳下的鏈環答道。

經過一陣輕鬆的休息後，青年頓覺神清氣爽，心中充滿幸福愉快的感覺，他為自己終於從鏈環中掙扎出來而慶幸。

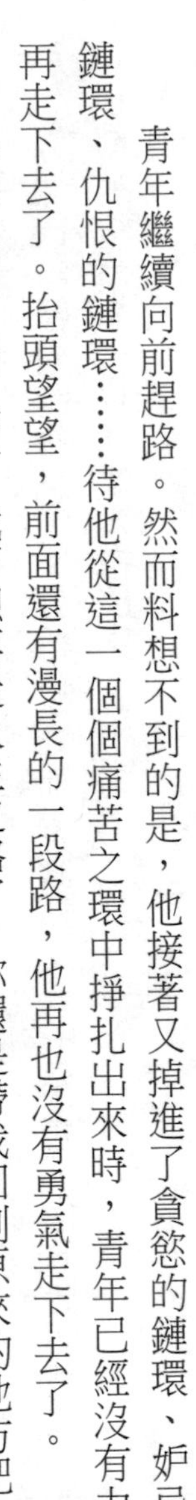

青年繼續向前趕路。然而料想不到的是，他接著又掉進了貪慾的鏈環、妒忌的鏈環、仇恨的鏈環……待他從這一個個痛苦之環中掙扎出來時，青年已經沒有力氣再走下去了。抬頭望望，前面還有漫長的一段路，他再也沒有勇氣走下去了。

「老人家！老人家！我不想再走人生之路了，你還是帶我回到原來的地方吧！」青年呼喚著。

神仙出現了，手臂一揮，青年便又回到了路邊。

「人生雖然有許多的痛苦，但也有戰勝痛苦之後的歡樂和輕鬆，你難道真的願放棄真實的人生嗎？」神仙問道。

「人生之路痛苦太多，歡樂和愉快太短暫太少了，我決定放棄真實的人生，還是去做我的泥像吧！」青年毫不猶豫。

神仙長袖一揮，青年又還原成一尊泥像。「我從此再也不必受人世的痛苦了。」泥像想。

然而不久，泥像便被一場大雨沖成了一堆爛泥。

人生物語：

人生本來就有很多痛苦，做人本來就不容易。但是，戰勝了痛苦、災難，就會迎來快樂。面對人生，要做好應對痛苦的準備，才能走好每一步。

傷痕

那年，他和她都讀國三，也許是瓊瑤小說看得太多，他倆竟偷偷地相愛了。但中學生早戀是不允許的，他倆只能小心翼翼地交往。

儘管如此，有關他和她的事還是在班上流傳開來。

他有些害怕，因為那時老師已準備保送他上師專。

他是學藝股長，有一天，他用粉筆在黑板上寫了一篇文章，雖未指名道姓，卻是指桑罵槐地影射她自作多情。

班上同學見了後，似乎都恍然大悟，原來是她在糾纏他啊！他能夠站穩立場，這不更加反襯出他的思想高尚嗎？而她沒有辯解，只是臉色慘白得嚇人。

但那篇文章很快就被人擦掉了，不知道是誰擦掉的。

他終於如願以償地上了師專。

師專畢業的那一年，他開始意識到因為自己年少懵懂而犯下的錯。他寫信請她原諒，他還告訴她，那篇只保存了幾個小時的文章，其實是他自己用黑板擦擦掉的。

她回信了，只有幾句話：「有一種傷痕是永遠也擦不掉的，那就是愛的傷痕！因為它深深地刻在心裡，並且隨著人生的漸老而一觸即痛。」

人生物語：

什麼傷痕是看不見的，卻又是歷久而不能彌合的呢？恐怕只有精神上和心靈上的吧！心裡的傷痕永遠是擦不掉的，請善待、呵護自己的心靈。

仇人幫忙

在他年幼時，母親跟別人打架。晚上，趁著月光，為了報仇，他去拔光了別人家已帶了花的辣椒苗。

拔光別人家的辣椒苗後，他回家向奶奶表功討賞，一向仁慈的奶奶抓了一根棍子劈頭就朝他一陣猛打，直到他答應每次見到跟他家有「仇」的人，該叫爺的都要叫爺，該叫嬸的都要叫嬸。

秋後建房，他父親被石頭砸了腳，可是「上梁」的那天，很多跟他家有「仇」的人都來幫忙，看到他母親一臉的內疚，他們說：「你家的孩子平時就很有禮貌，見人就叔叔、伯伯好的問候，不看大人面，也看這孩子的面。」

人生物語：

人是相互作用的，你表現出一分敵意，他有可能還以二分，然後你則遞增為三分，他又還回來六分……，把敵意換成善意，你會有多麼大的收穫。

恩怨之間，不分大小，一味的糾纏不休，只會欲罷不能。人心換人心，善意能化解惡意，自然會冰釋前嫌。

可憐的老頭

哈佛大學校長來北京大學訪問時，講了一段自己的親身經歷。

有一年，校長向學校請了三個月的假，然後告訴自己的家人，不要問我要去什麼地方，我每個星期都會給家裡打個電話，報個平安。

校長隻身一人，去了美國南部的農村，嘗試著過一種全新的生活。在農村，他到農場去打工，去飯店洗盤子。在田地做工時，背著老闆抽根菸，或和自己的工友偷偷說幾句話，都讓他有一種前所未有的愉悅。

最有趣的是最後他在一家餐廳找到一份洗盤子的工作，做了四個小時後，老闆便把他叫來，算工錢給他。老闆對他說：「可憐的老頭，你洗盤子的動作太慢了，你被解雇了。」

「可憐的老頭」重新回到哈佛，回到自己熟悉的工作環境後，卻覺得以往再熟悉不過的東西都變得新鮮有趣起來，工作成為一種全新的享受。

人生物語：

這經歷使人回到了內心的原始狀態，拋卻和清除了心頭積壓的「垃圾」，使眼中的世界富有生趣，頗具禪機，人應該時時將心靈解放出來，看待這美好的世界。

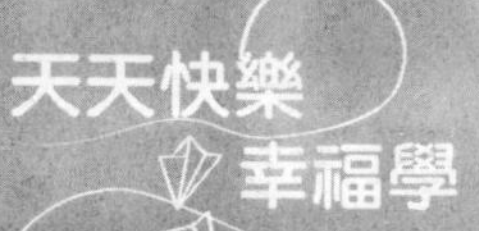

名醫療法

葉天士是明末清初名醫。一天，一病人雙目紅腫，淚流不止，神情憂慮，前來就醫。

葉天士詳診細察，詢問了發病經過後，說：「依我看，你這眼病只需幾帖藥便能治好，但眼病醫好七天後，你的兩隻腳心會長出膿瘡，那才真的是關乎性命的。」

病人大驚，懇求治療。

葉天士告訴他：「唯有一法，你當按法而行，即每天睡前和晨起後，用手搓兩腳心各三百六十次，一次都不能少，如此堅持，方能渡過難關。」

病人對大名醫葉天士的話深信不疑，便誠心誠意地依法而行。

七天過去了，果然，眼睛好了，腳心也沒長出膿瘡，精神也顯得很清爽。病人去向葉天士求教道謝。

葉天士笑著告訴他：「你的眼病其實是憂慮所至。用些藥，你不去想它自然會好。但你這人心事較重，且眼睛疼痛不由你不想。我說會長危乎性命的膿瘡，你自然就不會去注意眼睛了，揉搓腳心只不過是降火定神、補腎強身。這樣注意力轉移了，心痛一去，眼病也就好了。」

人生物語：

心病還須心藥來醫，表面的症狀正反映內心的狀態。名醫治病，向來不拘成規，那麼，人生是不是也應該放開去想事情呢？畢竟，頭痛醫頭，腳痛醫腳是權宜之計。

誰坐頭等艙

在一架由紐約起飛的班機上，一名中年白人婦女被安排坐在一名黑人旁邊。她對身邊的黑人怒目而視，黑人則用微笑回應了她的不友善。

於是，白人婦女氣勢洶洶地把空姐叫來。

「請問有什麼問題嗎？」

「你們把我安排坐在這裡，我受不了坐在這種令人倒霉的人旁邊，再給我找個位置吧！」

幾分鐘後，空姐回來了。

她說：「女士，很抱歉，經濟艙已經客滿了，不過在頭等艙還有一個空位。」不等白人女士說話，空姐接著說：「在這種情況下將乘客提升到頭等艙，的確是我們從未遇到的情況，但是我已經獲得了機長的特別許可。」

空姐繼續說道，「機長考慮到這個特殊的情況，他認為要一名乘客和這麼令人討厭的人同坐，真是太不合情理了。」

空姐轉向那名黑人，「因此，如果您不介意的話，我們已經準備好頭等艙的位子了，請您移駕過去。」

周圍的乘客這時都報以熱烈的掌聲。

那名黑人在一片掌聲中揮著手走向了頭等艙。

人生物語：

歧視別人就是貶低自己，到頭來，自己往往被別人歧視。

該放手時須放手

印度人用南瓜抓猴子。他們在南瓜上挖一個小洞，把裡面掏空，放上一些猴子愛吃的硬果子。

猴子聞到撲鼻的果香味，便會自動的跑過來，把「手」伸進小洞，一下子抓起一大把硬果。這時，躲在附近的人們就跑出來。

猴子見勢不妙，想趕快抓住硬果溜之大吉，可是緊握著硬果的拳頭再也無法拉出小洞。於是，只得拖著沉重的南瓜逃跑，還沒跑出多遠，就被人們生擒了。

我們都會笑猴子的無知，可是在許多時候，我們都會像這些猴子一樣，把功、名、利、祿死死抓住不捨得放棄。殊不知，那些功、名、利、祿在許多時候是我們前進時的包袱。該放手時須放手，輕裝上陣，才能勇往直前。

人生物語：

貪欲是致命的根源，被功名利祿迷了心竅，一頭鑽進去，到頭來，只怕是「機關算盡太聰明，反而誤了卿卿的性命。」

愛說「可是」沒出息

湯姆和傑克遜是鄰居。他們的家坐落在離小村二里遠的山坡上，那裡空氣清新，景色宜人，而且每到春夏交替的那段日子，山花與松葉所散發的清香就會迷漫整個山谷，愜意極了。然而美中不足的是，在通往他們兩家的路上，有一棵胡楊樹擋在路中，每次開車路過時，他們不得不小心翼翼地繞過它。

一天湯姆和傑克遜在路上相遇了，他們商量要把這棵樹砍掉，以免麻煩蔓延，而且最好是明天就動手。

「可是……可是我明天要去明尼蘇達，我有一個非常重要的公務！」湯姆說。

「那麼就再過幾天好了，我想我們會處理得很好的！」傑克遜聳了聳肩說。

然而事情的發展並沒有像傑克遜所預想的那樣。幾乎每次談到這件事，他們都會有一些意外的事情要去處理，就這樣，日子一天天地過去了，一年兩年、五年、十年、二十年……當他們已是鬢髮斑白的時候，一天，兩個老人再次在樹旁相遇了。

「我看我們真的應該把它砍掉，要不然琳達和凱森他們會在這裡出事的。你看，這傢伙的體形越來越大了，佔據了半條路的空間。」傑克遜望著已經長得粗壯如柱的胡楊樹說。

「是啊！都經過這麼久了，我們還是沒有砍掉它，這回我們該用鋸子鋸嘍！」

湯姆邊說邊蹣跚的向家裡走去，他下定決心要用那把小鋼鋸鋸斷它。

可是，因為他們已經老邁，根本再也拉不動那把小鋼鋸了……

人生物語：

人生有太多的事要做，小事必須立即去做，才會有做大事的可能。在這個過程中，許多努力是辛苦的，比如：你要做自己不喜歡的工作，你要不斷驅趕一些令你煩心的事等等。可是，別人同樣和我們一樣，但他們卻成功了，其原因是：成功的人尋找辦法，失敗的人尋找藉口。人要能主動進取，才能成功。

想到就去做

詹姆士是個普通的年輕人，二十幾歲，有妻子和小孩，收入並不多。他們全家住在租來的一間小公寓裡，夫婦倆人都渴望有一棟屬於自己的新房子。他們希望有較大的活動空間，比較乾淨的環境，小孩有地方玩，畢竟這也是一份屬於自己的產業。

買房子的確很難，必須要有錢支付分期付款的頭期款才行。

有一天，當詹姆士簽發下個月的房租支票時，突然覺得非常的不耐煩，因為房租跟每個月的分期付款金額幾乎是差不多。

詹姆士就跟妻子說：「下個禮拜我們就去買一棟新房子，你看怎樣？」

「你怎麼突然想到這個？」他妻子問，「開什麼玩笑，我們哪有能力？我們可能連頭期款都付不起。」

但是詹姆士已經下定決心：「跟我們一樣想買一棟新房子的夫婦大約有幾十萬人，其中只有一半能如願以償，一定是什麼事情才使他們打消這個念頭。我們一定要想辦法買一棟房子，雖然我現在還不知道怎麼湊錢，可是一定要想辦法。」

到了第二個禮拜他們真的找到一棟兩人都喜歡的房子，樸素大方又實用，總價是一萬二千美元。現在的問題是怎樣湊出一萬二千美元。詹姆士知道無法從一般銀

行借到這筆錢，因為這樣會妨害他的信用，使他無法獲得一項關於銷售款項的抵押借款。

後來他突然有了一個靈感，為什麼不直接找承包商談談，向他私人貸款呢？他真的這麼去做了。承包商一開始的反應很冷淡，但由於他一再堅持，承包商終於同意了。他同意詹姆士把一萬二千美元的借款按月交一千美元，利息另外計算。

現在詹姆士要做的是，每個月湊出一千美元。夫婦兩個想盡辦法來省，一個月可以省下二百五十美元，但還有七百五十美元要另外想辦法。

這時詹姆士又想到另一個方法。

第二天早上他直接跟老闆解釋這件事，他的老闆也很高興他要買房子。

詹姆士說：「老闆，為了買房子，我每個月必須多賺七百五十美元才行。我知道，當你認為我值得加薪時一定會加，可是現在我很想多賺一點錢，公司的某些事情可能在周末做會更好，你能不能答應我在週末加班呢？有沒有這個可能呢？」

老闆對於他的誠懇和雄心非常感動，真的找出許多事情讓他在週末工作十小時。詹姆士和他的妻子因此歡歡喜喜的搬進新房子了。

人生物語：

當人們面對一件事情的時候，要拿出勇氣去把事情做成，想到就做到。平庸人的永遠是被動的等待，非得要等到每件事條件都有利，萬無一失才去做。可是，又有哪件事是完美的呢？那就只能按部就班了。成功的人並不是有著處理所有問題的能力，但是一旦發生問題，一定有勇氣去克服。

示弱籠人心

有一位記者去拜訪一位政治家，目的是想獲得有關他的一些醜聞消息。然而，還來不及寒暄，這位政治家就對想質問的記者制止說：「時間還長得很，我們可以慢慢談。」記者對政治家這種從容不迫的態度大感意外。

沒多久，僕人將咖啡端上桌來，這位政治家端起咖啡喝了一口，立即大嚷道：「哦！好燙！」咖啡杯隨之滾落在地。

等僕人收拾好後，政治家又把香菸倒著插入嘴中，從過濾嘴處點火。這時記者趕忙提醒：「先生，你將香菸拿反了。」政治家聽到這話之後，慌忙將香菸拿正，不料卻將煙灰缸碰翻在地。

平時趾高氣揚的政治家出了一連串的洋相，使得記者大感意外，不知不覺中，原來的那種挑戰情緒消失了，甚至對對方懷有一種親近感。

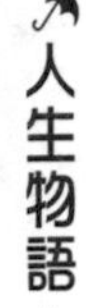

人生物語：

這整個過程，其實是政治家一手安排的。當人們發現傑出的權威人物也有許多弱點時，過去對他抱有的恐懼感就會消失，而且由於受同情心的驅使，還會對對方發生某種程度的好感。

為人處世中，要想使別人有親近的感覺，放鬆警惕，就要巧妙的露出無關痛癢的缺點，表明自己是個平常人，才能使人不與你為敵。事業上，也是一樣的，表現再突出，也要露點「破綻」才好。

做人要自信

有一個外商公司的女職員，原來在某大學就學的時候，是一個十分有自信、從容的女孩。她學習成績在班級裡是出類拔萃的，相貌也是一流的，追她的男孩子也特別多。畢業以後，她成了外商公司的職員。

在那兒工作了一個月之後，旁人驚訝地發現，原先十分活潑可愛、話題很多的她，竟然像換了一個人似的，不但說話變得羞羞答答的，就連行為也變得畏頭縮尾。而且說起一些事情來的時候，總是顯得特別沒有自信，和大學時候的充滿自信形成強烈的對比。

每天上班前，她要為了穿著打扮花上整整兩個小時的時間，而且為此不惜早起，少睡兩個小時。她之所以這麼做，是怕自己打扮不得宜，長相不好，而遭同事或上司恥笑。在工作中，她更是戰戰兢兢，十分小心翼翼，以致到了謹小慎微的地步。

是什麼原因促使她發生這麼大的變化呢?很明顯是由於她的自卑。到了韓國人的公司之後，由於發現韓國人的穿著舉止都顯得如此高貴，如此端莊，她感覺到自己像個小家碧玉，上不了檯面。

她對自己的穿著打扮產生了深深的憎厭。所以，第二天她就跑到百貨公司的進口專櫃去了。可是，當時薪資還沒有發，她買不起那些名牌衣服，於是，只好垂頭

喪氣地回家了。前一個月，可以說，她是低著頭度過的。她不敢抬頭看別人穿的名牌西服、名牌裙子，因為一看就會感覺到自己的窮酸。那些韓國女人或早進了外商公司的中國女人，她們的服飾都是一流的品牌，走在路上裙帶當風，而自己呢？竟然還是一副學生樣！想到這裡，她幾乎要哭出來，她恨自己的貧窮。

而服飾還是小事，她和同事們的另一個不同在於，她們平時用的香水，都是法國貨，在她們所及之處，處處清香飄逸，而自己用的，只是國產的香水。女人與女人之間，聊起來無非是生活上的瑣碎小事。而所謂生活上的瑣碎小事，主要的當然是衣服啦、化妝品啦、首飾啦什麼的。而這些，她幾乎是什麼都沒有。這樣，她在同事們之間就顯得十分孤立，也十分羞慚。在那個時候，她恨不得自己能找個地洞鑽進去。久而久之，她就變得敏感和沉淪，變得自輕且隨波逐流。其實，她不知道自己一直是很優秀的，根本沒有人去刻意的關注和挑剔她。

人生物語：

人很多時候都是由於自輕自卑而導致了最後的優勢喪失，自卑是心靈的鐵銹，要及時除去。其實，能有幾個人那麼幸運就生於王公貴族之家呢？又有什麼好自卑呢？靠勤奮和努力比什麼都光榮，人最難戰勝的是自己，「勝人者智，自勝者強」。一個人要成功的最大障礙就來自於自己。要把事情做好，就必須要有自信。

傷人莫傷心

在戰國時代，有一個名叫中山的小國。一次，中山的國君設宴款待國內的名士。當時正巧羊肉湯不夠了，無法讓在場的人都喝上。沒有喝到羊肉湯的司馬子期感到很失面子，便懷恨在心，到楚國勸楚王攻打中山國。

中山國很快被攻陷，國王逃到了國外。當他逃走時，發現有兩個人拿著戈跟在他的後面，便問：「你們來幹什麼？」

兩人回答：「從前有一個人曾因得到您賜予的一點食物而免於餓死，我們就是他的兒子。我們的父親臨死前囑咐，不管中山國以後出了什麼事，我們必須竭盡全力，甚至不惜以死報效國王。」

中山國君聽後感歎地說：仇怨不在乎深淺，而在於是否傷了別人的心。我因為一杯羊肉湯而亡國，卻由於一點食物而得到兩位勇士。

人生物語：

傷人莫傷心。人的自尊比金子還貴，沒錢尚可，傷了自尊則不行。為人處世一定要留意給人留面子，不要在小事上傷了別人的心。這也是處理人際關係的準則，況且，傷了別人的心，自己也不好過。

季雅買鄰

南北朝時，一個名叫季雅的人被罷免南康郡守的官職之後，在名士呂僧珍居家旁邊購買了一處宅院。

僧珍詢問他購買宅院的價錢是多少。

季雅回答說：「一千一百萬錢。」

僧珍聽到這麼昂貴的價錢，感到很奇怪。

季雅說：「我是用一百萬錢買房宅，用一千萬錢買鄰居呀！」

人生物語：

不知道孟母三遷與季雅買鄰是否有相同之處，「明月好同三徑夜，綠楊宜作兩家春」，選個好鄰居，的確很有必要。

老實人吃的啞巴虧

三個鬼魂被押到陰曹地府，他們生前分別是妓女、小偷和醫生。

閻王先問妓女在陽世是做什麼的。妓女回答：「我專門收容一些無家可歸的男子，讓他們也能享受夫妻生活的樂趣。」閻王頷首：「善哉，應有好報應。」遂命判官把她降生到富貴人家。

輪到小偷了，他也從容應對道：「回閻王爺，我在陽世專門替別人拿東西。有人口袋太重，拿不動，我就替他分些來；有人東西沒藏好，我也撿回來；有的人家裡貴重東西太多，我怕他失火，就把它們轉移到我家，好好保存起來。」閻王高興地說：「你做得很好，這叫助人為樂，與人為善，理當增壽三紀，享年百歲。」

醫生在一旁忍不住開口道：「大王你被騙了，他倆在人間做的都是害人的事。」

閻王大怒，一拍驚堂木：「誰騙得了我，我問你答。你是幹什麼的？」

醫生理直氣壯地說：「我才是真正的好人，我治病救人，把快死的人都治好。」

「住嘴，難怪我派小鬼抓不到人，原來是你在和我作對。來人，將他打入十八層地獄，永世不得翻身。」

人生物語：

在你身邊就存在著自以為是，糊塗到不明事理的人，說話做事千萬別吃啞巴虧。

認識你自己

《伊索寓言》中有一則關於鄉下老鼠和城市老鼠的故事：

城市老鼠和鄉下老鼠是好朋友。有一天，鄉下老鼠寫了一封信給城市老鼠，信上是這麼寫著：「城市老兄，有空請到我家來玩。在這裡，可享受鄉間的美景和新鮮的空氣，過著悠閒的生活，不知您意下如何？」

城市老鼠接到信後，高興得不得了，立刻動身前往鄉下。到那裡後，鄉下老鼠拿出很多大麥和小麥，放在城市老鼠面前。城市老鼠不以為然地說：「你怎麼能夠老是過這種清貧的生活呢？住在這裡，除了不缺食物，什麼也沒有，多麼乏味呀！還是到我家玩吧！我會好好招待你的。」

鄉下老鼠於是就跟著城市老鼠進城去。

鄉下老鼠看到那麼豪華、乾淨的房子，非常羨慕。想到自己在鄉下從早到晚，都在農田上奔跑，以大麥和小麥為食物，冬天還得在那寒冷的雪地上搜尋糧食，夏天更是累得滿身大汗，和城市老鼠比起來，自己實在太不幸了。

聊了一會兒，他們就爬到餐桌上開始享受美味的食物。突然，「砰」的一聲，門開了，有人走了進來。牠們嚇了一跳，飛也似的躲進牆角的洞裡。

鄉下老鼠嚇得忘了飢餓，想了一會兒，戴起帽子，對城市老鼠說：「鄉下平靜的生活，還是比較適合我。這裡雖然有豪華的房子和美味的食物，但每天都緊張兮兮的，倒不如回鄉下吃麥子來得快活。」說完，鄉下老鼠就離開都市回鄉下去了。

人生物語：

人的生活環境、際遇、經歷都是不同的，所以有不同的生活方式，即使對外界很好奇，或是一時的過著另一種生活，但終究他們還是會回歸到自己所熟悉的框架中去。

諾言的價值

傑爾遜有個好朋友，他們從小時候就認識了，也一直來往密切。他時常為傑爾遜推薦書籍，或者盡力為傑爾遜做事，他被傑爾遜呼來喚去的，從無怨言。傑爾遜在他面前很隨便，他則說傑爾遜穿著成人衣服，卻是個小孩。

那一年他搬家了，新年時他邀傑爾遜到他家做客，傑爾遜答應了。但是新年那天輪到傑爾遜在學校值班，上午傑爾遜打電話給他，他知道傑爾遜值班的事後，問傑爾遜還能不能去，傑爾遜回答說下午過去。

下午，一個同事到學校時看見傑爾遜要走了，就說：「我們打會兒網球再走吧！」傑爾遜告訴同事說他有事，同事說只玩一會兒，經不住同事的遊說，傑爾遜技癢，就玩了起來。傑爾遜光顧玩把時間給忘了，當他從學校走出來時，天已快黑了，他只好回家了。

再後來，傑爾遜一直想找機會向朋友解釋，但是不知怎麼搞的，拖了很長一段時間，時間一久就懶得再提這件事了。覺得反正不是外人，何必計較禮節呢？後來，就慢慢地忘了。

不久，傑爾遜有事求於朋友時再次想起了他，他在電話裡對傑爾遜很冷淡，傑爾遜問原因，他說：「問問你自己吧！」

傑爾遜試著重提新年的事情，他說：「像那樣輕慢別人的話，你還有藥可救嗎？」他氣呼呼地說那天他和妻子推掉了所有的事情，僅僅為了傑爾遜的到來，他們從早到晚一直豎著耳朵聽每一陣上樓的聲音，但傑爾遜終究還是沒來，而且之後連一個電話都沒打。他說得傑爾遜臉上不住的發熱。

傑爾遜解釋說，他從來沒有把他當外人，他以為他們的距離很近，所以就把這件事很隨性地處理了。

那個朋友說傑爾遜是一個沒有信用的人。為了讓傑爾遜知道諾言這個很平常的詞，他決定不再理傑爾遜。

因為失去朋友，傑爾遜才知道諾言的重要性。

人生物語：

諾言是口頭上的契約，沒有文字卻比契約還重要，信用有時比生命來得珍貴，失信將給自己的人格、名譽、友誼帶來巨大的損失。君子重諾，為了信用會傾其所有，甚至生命。千金難買一諾，答應的事一定要辦到。

留條後路給自己

在一片茫茫沙漠的兩邊，有兩個村莊。要到達對面的村莊，如果繞過沙漠走，至少需要馬不停蹄地走上二十多天；如果橫越沙漠，只需要三天就能抵達。但橫越沙漠實在太危險了，許多人試圖橫越過去，卻無一生還。

有一天，一位智者經過這裡，他讓村裡的人找來了許多胡楊樹苗，每半英哩栽種一棵，從這個村莊一直種到了沙漠那端的村莊。智者告訴村裡的人說：「如果這些胡楊樹有幸種活了，你們便可以沿著胡楊樹來來往往；如果沒有種活，那麼每一個行路者經過時，就將枯樹苗拔一拔，以免被流沙給湮沒了。」

結果，這些胡楊樹苗栽進沙漠後，全都被烈日烤死了，成了路標。

沿著這些路標，兩村人平平安安地走了十幾年。

一年夏天，一個外地僧人堅持要一個人到對面的村莊去化緣。大家告訴他說：「你經過沙漠的時候，遇到快要倒下的胡楊樹時一定要向下再插深些，遇到即將被湮沒的胡楊樹時，一定要將它向上拔一拔。」

僧人點頭答應了，然後就帶了一皮袋的水和一些乾糧上路了。遇到一些就要被沙塵徹底湮沒的胡楊樹時，這個僧人想：「反正我就走這一次，湮沒就讓它去湮沒吧！」他沒有伸出手去將這些胡楊樹向上拔一拔；遇到一些被風暴吹打得搖搖欲倒

的胡楊樹時，這個僧人也沒有伸出手去將這些胡楊樹向下插一插。

但就在這位僧人走到沙漠深處之時，靜謐的沙漠驀然間飛沙走石，許多胡楊樹被湮沒在厚厚的流沙裡，也有一些胡楊樹被風暴捲走了，沒有了蹤影。僧人像個無頭蒼蠅似的東奔西走，卻再也走不出這片大沙漠。

僧人在氣息奄奄的那一刻十分懊悔：如果自己能按照大家囑咐的那樣做，那麼即使沒有了進路，至少還可以擁有一條平平安安的退路啊！

人生物語：

給別人留條退路就是給自己留條後路。凡事都要留條退路，許多人就是只顧眼前，不顧長遠，而最終為之所害，甚至是身敗名裂，家破人亡，不可不鑒。

「看不清」的智慧

有一齣充滿了機智逗趣的京劇，叫《宰相劉羅鍋》。在「夜審」這一幕中，上演的是乾隆微服私訪，沒想到惹上了命案，被捉入江寧大牢。

知府劉墉得知實情後，審也不是，放也不是，不僅陷入了兩難的局面，稍一不慎，可能會慘遭滅族的命運。

聰明的劉羅鍋想出了一個方法，大牢裡只點一支蠟燭，透過微暗的燭光審案，黑漆漆的什麼都看不清楚，既保留了天子的顏面，也盡到了地方官的職責。

關鍵在於「看不清」。就是這個「看不清」幫劉墉解決了這個難題和危機。

「看不清」才是真正的「看得清」。「看不清」並不是刻意地投降輸誠，讓對方贏得一個尷尬的勝利。相反的，是透過一種高深的策略，無心插柳似的給對方一個台階下，雙方心知肚明，卻也心照不宣。

劉羅鍋固然要「看不清」，更重要的是乾隆也要裝糊塗，表面上相安無事的君臣，可是機關算盡，苦心經營的結果呢！

人生物語：

人無絕對的好壞，事無絕對的黑白，黑夜中尚存星光，白晝前黑如鍋底，外在的環境有時並非個人所能左右，如何以巧妙的智慧對待突發的事情和人物，是一門學問，看得太清不如看不清，而心知肚明如何運用，則是需要心機的。

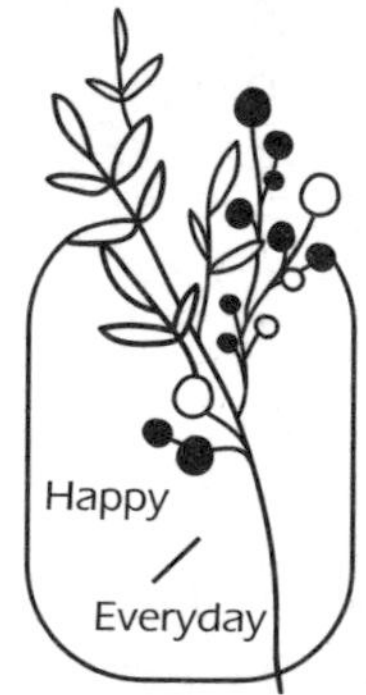

留香的泥土

一個路人發現路旁有一堆泥土散發出芬芳的香氣，他就把這堆土帶回了家，一時之間，他家香氣滿室。路人好奇而驚訝地問這堆土：「你是從大城市來的珍寶呢？還是一種稀有的香料，或是價格昂貴的材料？」泥土說：「都不是，我只是一塊普通的泥土而已。」

路人又問：「那你身上濃郁的香味是從哪兒來的？」

泥土答：「我只是曾在玫瑰園和玫瑰相處了很長一段時間。」

人生物語：

「蓬生麻中，不扶自直；白沙在泥，與之俱黑。」和什麼樣的人相處，就會變成什麼樣的人。泥土和玫瑰在一起，也會留香。

秀才買柴

有一個秀才去買柴，他對賣柴的人說：「荷薪者過來！」

賣柴的人聽不懂「荷薪者」（擔材的人）三個字，但是聽得懂「過來」兩個字，於是把柴擔到秀才前面。

秀才問他：「其價如何？」

賣柴的人聽不太懂這句話，但是聽得懂「價」這個字，於是就告訴秀才價錢。

秀才接著說：「外實而內虛，煙多而焰少，請損之。」（你的木柴外表是乾的，裡頭卻是濕的，燃燒起來，煙多而火小，請減些價錢吧！）

賣柴的人因為聽不懂秀才的話，於是擔著柴就走了。

人生物語：

說話要看對象，要得體，不分對象的賣弄，很可能讓自己陷入另一個尷尬的場面。

割掉的肉

從前有個國王聽信小人的讒言，誤認一位賢臣叛國。他把賢臣捉來，割開他的背脊，並取下二斤肉。

不久，有人證明賢臣並沒有叛國。國王知道了，十分後悔，就送了一千斤豬肉給賢臣，作為補償。

那位賢臣因背脊傷痛，上朝時痛苦地呻吟。國王聽見了他的呻吟聲，就問他說：「我取你二斤肉，已經還你一千斤肉，難道你還不滿足嗎？為何叫個不停呢？」

賢臣十分無奈地回答說：「大王，假如砍下你的頭，縱使還給你一千個頭，仍然不免一死；如今我雖然得到了一千斤的豬肉，仍然免不了痛苦啊！」

人生物語：

一旦給人造成傷害，再多的彌補也是無濟於事。已經造成傷害了，再去彌補，且舊事重提又是再次的傷害。所以，做任何事情，都須要謹慎。盡量不要對別人造成傷害，就不需去彌補什麼。

做人與做事

有一位華僑，在國外事業做得很大，但思鄉情重，想出資在家鄉設廠。

消息傳開後，很多人紛紛與他聯繫，願意與他合作在家鄉設立工廠，因為大家都看到此事有利可圖。這讓老華僑在挑選合作對象時變得十分困難。

最後，他在眾人之中挑了兩個比較合適的人選，接著想在他們二人當中挑出一個。他叫來那兩個人說：「我酷愛下棋，今天你們誰下贏了我，那麼我就與誰合作。」

那兩個人也都是下棋高手，棋都下得極好。第一個人與老華僑下了起來，最後老華僑以些微的優勢戰勝了那個人。第二個人很精明，在下棋當中，老華僑轉身去倒了一杯水，第二個人以為他沒看見，就偷偷換了一個棋子，其實這一切全被老華僑從玻璃的影像上看到了。最後，第二個人獲得了勝利。

但是，在後來，老華僑卻選擇下輸了棋的那個人，來管理自己在國內的事業。

人生物語：

第一個人雖然未贏，但卻是憑實力去爭取；第二個人雖然贏了，卻是換了棋子，由此可見，這是人生態度的問題，這是一場品德的考驗，結果出乎意料卻在情理之中，沒有什麼比誠實做人更重要，如果能清白做人，也一定能清白的做事。

適可而止

莊子帶著學生到山中，看見伐木者正在砍伐樹木，卻有一棵枝葉繁茂的大樹沒有受到伐木者的青睞。

莊子問他們何以沒有伐這棵大樹，伐木者回答：「這棵樹根本沒有用處。」

下山之後，莊子到一位老朋友家休息，老友相見，分外高興，連忙命兒子去殺一隻鵝款待。

兒子問：「一隻會叫，一隻不會叫，要殺哪一隻？」

父親說：「殺那隻不會叫的。」

第二天，學生們問莊子：「昨天山中那棵大樹因為沒有用處，所以沒有被砍伐，而主人家的鵝卻又由於沒有用處被宰殺。請問老師，您是以什麼樣的態度作為處世之道呢？」

莊子笑著說：「我將自己處於有用和無用之間，看似有用，又似無用；看似無用，又似有用。不過，這仍難免有害。如果能心懷道德待人處世，就絕對無害了。」

羚羊被捕殺，只因為羚羊有角；墳墓被挖掘，只因為墓中埋有殉葬的金銀。而樹之所以未被伐，是因為毫無用處；鵝之所以被殺，是因為不會發出叫聲。

人生物語：

看以無用的東西得以保全，是因為對人來說，它沒有用處；同樣，沒有得以保全的，也是由於沒有用處。看來，有用和無用都是相對於人的態度問題，中庸不一定好，出頭不一定好，沉默也不一定好，最好的處世方法就是不偏不倚，適可而止，恰到好處。

喝下洗手水

溫莎公爵除了不愛江山愛美人的大傳奇外，還有許多鮮為人知的小故事。

有一次，英國王室為了招待印度當地居民的首領，在倫敦舉行晚宴，由當時還是「皇太子」的溫莎公爵主持這次宴會。

宴會中，達官貴人們觥籌交錯，相與甚歡，氣氛融洽。可就在宴會結束時，出了這麼一件事。侍者為每一位客人端來了洗手盤，印度客人們看到那精巧的銀製器皿裡盛著亮晶晶的水，以為是喝的水，就端起來一飲而盡。作陪的英國貴族們個個目瞪口呆，不知如何是好，大家紛紛把視線轉向主持人。

溫莎公爵神色自若，一邊與客人談笑風生，一邊也端起自己面前的洗手水，像客人那樣「自然而得體」地一飲而盡。接著，大家也紛紛效仿，本來要造成的難堪與尷尬頃刻釋然，宴會取得了預期的成功，當然也就使英國國家的利益得到了進一步的保證。

人生物語：

大家都錯了，就是對的了。有胸懷，有教養，有風度的人，都會去照顧別人的面子，不會因小失大。這也是處世的圓融之處，高明之處。

樹上的金鏈子

有一個青年，在一口池邊看見池中的水底有一條金鏈子，他就跳下水去，揑著泥土尋覓，但找得很疲倦，也仍然尋不到。他爬上岸來，坐著休息，一會兒水清了，又看見那金鏈子，他又跳下水去尋覓，同樣尋不到。於是又上岸來，坐在水池旁對池中呆望。

他的父親走來，問他待在那裡做什麼，他說：「父親，你看，水底明明有一條金鏈子，可是我兩次下水去，揑遍泥土都尋不到。」

父親向水底看了一會兒，就斷定那只是金鏈子的影子，金鏈子一定是在樹上，他說：「兒子，你上樹去找吧！一定是鳥兒銜來，擱在那裡的。」兒子爬上樹去，果然找到了一條金鏈子。

人生物語：

水中撈月，緣木求魚，到頭來都是一場空，都是假象。為人處世要看透現象背後的真相，才不會盲目追求而身心疲憊。

狼與老太婆

一隻狼出去找食物，找了半天一無所獲。偶然經過一戶人家，聽見房中孩子哭鬧，接著傳來一位老太婆的聲音：

「別哭啦！再不聽話，就把你扔出去餵給狼吃。」

狼一聽此言，心中大喜，便蹲在屋後不遠的地方等著。等到太陽落山了，也沒見老太婆把孩子扔出來。

晚上，狼已經等得不耐煩了，轉到房前想伺機而入，卻又聽老太婆說：

「快睡吧！別怕，狼來了，咱們就把牠殺死煮來吃。」

狼聽了，嚇得一溜煙跑回老窩。同伴問牠收穫如何，牠說：「別提了，老太婆說話不算數，害得我餓了一天，不過幸好後來我跑得快，保住自己的性命。」

人生物語：

別把人家信口開河說的話當成真話，很多時候人家只不過是拿你說事而已，自己卻煞有其事，亂了陣腳，而自己正常的生活、工作卻全因別人的一句話給改變了。所以，聽人說話得看人對事，聽真實些。

馬的報復

一匹馬找到一塊豐美的草地，常到這裡飽餐一頓。可是後來，一隻鹿也發現了這祕密，趁馬不在時也跑來吃點草。

馬發現了這件事，覺得鹿侵佔了自己的利益，想報復鹿，但自己又無能為力，就請人來幫忙。

人說：「我也沒辦法，除非你套上轡頭，我騎上你，才能追上牠，懲罰牠。」

人騎著馬，懲罰了鹿。之後，便把馬拴在了槽頭。這時，馬才省悟過來，長歎道：「我真傻，為著一點小事而圖報復，反而使自己淪為奴隸。」

人生物語：

睚眥必報必定會使自己付出代價，更何況又是以不擇手段呢！那也只好自食其果，向隅而泣了。

把樹苗拔下來澆水

在印度民間流傳著一個故事。

有一次，印度的國都舉行祭奠，宮廷的護衛也必須奉命前往。有一個護衛對院子裡的猴子王說：「我有事要出去，我不在的時候，你要替我照顧好院裡的樹苗，不要讓它們枯死了，一定不要忘記打水灌溉。」

猴子王馬上召集手下說：「喂！你們現在替小樹打水，不過，不能浪費水。澆水之前，要把樹苗一棵一棵拔起看一下，為了節省水的用量，根長的就多澆些水，根短的就少澆些水。」

猴子們立刻遵照指示去做。這時，有一個賢者路過看見，便問猴子王說：「為什麼要把樹苗拔起來看呢？你們難道不知道樹苗栽好了是不能拔起來的，直接澆水就可以了。」

猴子王回答說：「我們只是奉領袖的命令行事而已。」

賢者聽後，不禁悲歎說：「唉！你們真是愚蠢又無知！自以為這是兩全其美的做法，卻不知道這樣做只會使後果更加的不堪設想！」

這些猴子只知忠實地服從命令，用水澆樹，根本沒有想到剛栽種的樹苗不能隨意拔起來，因此，結果反而使樹苗更迅速地枯萎。

人生物語：

這和揠苗助長一樣，違反了規律辦事，卻又偏偏自以為是，執意而為，不知變通，結果事與願違，遭人嘲笑，害人害己，禍害無窮。

把你的快樂帶回來

到一位朋友家去作客，出了電梯，抬頭望見門上掛了一方木牌，上面寫著兩行字：「進門前，請脫去煩惱；回家時，帶快樂回來。」

當時，細細品味之後，不禁對這家主人萌生無限感佩。短短的兩句話，蘊含的卻是深奧的家庭哲理。

進屋後，果見男女主人一團和氣，兩個孩子大方有禮，溫馨、和諧的氣氛充盈著整個房間。

當閒聊過後問及那方木牌時，經過一番推讓，女主人才靦腆地說：「其實也沒什麼大學問，一開始只是提醒我自己，身為女主人，有責任把這個家經營得更好，而真正的起因，是有一回我在電梯鏡子裡看到一張疲憊、灰暗的臉，一雙深鎖的眉毛，下垂的嘴角，煩愁的眼睛……把我自己嚇了一大跳，於是我想，當孩子、丈夫面對這樣一張面孔時，會有什麼感覺？假如我面對的也是這樣的面孔，又會有什麼反應？

接著我想到孩子在餐桌上的沉默、丈夫的冷淡，這些原先認定是他們不對的事實背後，是不是隱藏了另一種我不瞭解的原因，那真正的原因，竟是我！當時我嚇出一身冷汗，為自己的疏忽而後悔，當晚我便和丈夫長談，第二天就寫了這一塊木

牌釘在門上，結果，被提醒的不只是我而是一家人……」

好有智慧、好可愛的女人。

天下的好壞，幸與不幸，快樂和痛苦，常常是事情的兩面。一念之間的轉換，就呈現出截然不同的世界。

人性中有依賴、不負責任的弱點，我們自己辦不到的事，卻希望別人達成，尤其是最親近的人。表現在一個家庭裡，便是每個人都希望別人給予自己尊重、體貼、照顧、理解、愛護、方便、關心、為家帶來歡樂，卻很少考慮到，「我」給這個家帶來了什麼。

如果把「家」比喻成是一個硬體，那麼「人」才是組成並發揮功用的軟體。每個人都帶一些快樂與歡笑回家，家裡自然充滿笑聲；反之，每個人都帶煩惱與不快回來，一定是愁雲慘霧。

切忌把什麼事都埋在心底，卻暗自期望別人瞭解，當別人不明白時，又萌生失望和感傷，將怨氣由其他方面宣洩出來，弄得別人一頭霧水，自己一肚子氣。

我們要坐下來好好的溝通，讓別人知道你的想法，幫助你分擔憂愁，理清思路，穩定情緒，也分享快樂。

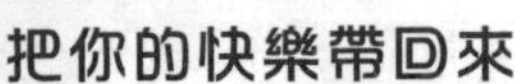

人生物語：

家，應該是最舒服、安全、穩定、快樂的港灣，記得回家時，先對自己說：扔掉煩惱，帶回快樂。家本就應該是個溫馨的驛站，請把你的心整理好，把歡樂帶回家，把愛帶回家。這樣，你收獲的就是整片天空。

兩隻老虎

有兩隻老虎，一隻在籠子裡，一隻在森林裡。

在籠子裡的老虎三餐無憂，在外面的老虎自由自在，兩隻老虎經常交談。籠子裡的老虎總是羨慕外面老虎的自由，外面的老虎卻也總是羨慕籠子裡的老虎安逸。

一日，一隻老虎對另一隻老虎說：「咱們換一換。」另一隻老虎同意了。

於是，籠子裡的老虎走進了大自然，森林裡的老虎走進籠子裡。從籠子裡走出來的老虎高高興興，在曠野裡拚命地奔跑；走進籠子裡的老虎也十分快樂，他再不用為食物而發愁。

但不久，兩隻老虎都死了。一隻是飢餓而死，一隻是憂鬱而死。

從籠子中走出的老虎獲得了自由，卻沒有獵食的本領；走進籠子裡的老虎獲得了安逸，卻沒有在狹小空間生活的心境。

人生物語：

許多時候，我們總是羨慕別人，而忽視自己的幸福，其實，別人的不一定適合你，已經屬於你的，才是真實的。

豪宅的屋簷

在一處古都風景遊覽區，一幫遊客正在興致盎然地參觀清代江南某五品官遺下的豪宅，古宅形體龐大、精巧別緻，給人極大的新鮮感。

觀看過古宅後，遊客們心裡都納悶：這宅子的屋簷也真怪，怎麼會做成一個小巧的屋子？

導遊小姐站在屋簷下，給遊客們賣了一個關子：她指著屋簷下那間小巧的屋子，學著某電視旅遊節目主持人的語氣問道：「大家知道這間小屋子是幹什麼用的嗎？」經這麼一吊胃口，大家的興致就來了，紛紛搶答。

有人說：「是放鞋子用的。人進屋後，把鞋子脫下後放在這裡。」

有人說：「是教訓小孩用的。家裡小孩犯錯了就把他關在這裡，閉門思過。」

有人說：「雨天進門，把傘放在這裡。」

有人說：「關雞的。」

導遊小姐抿嘴一笑，得意搖搖頭，告訴大家：「都沒猜對。這是供路過此地的流浪漢遮風擋雨，歇腳過夜用的。」遊客們啞然。

人生物語：

生活的節奏越來越快，我們的同情心漸漸被擠進一處黑暗的角落，我們的悲憫情懷也正一點一點的流失。在現實中，人們不再會想著為流浪漢做一個能擋風雨隔黑暗的屋簷。但是，我們的先人卻做到了，同情和悲憫應該是一種傳承下去的美德。

關懷他人是一種崇高的情懷。人活在這世上，難免會遇到不可預知的困難，總有需要別人幫忙的時候。希望我們能在心裡留一處扶持弱者的屋簷。

支撐

一群大象生活在一片草原中，無憂無慮，幸福無比。然而有一天，病魔突然降臨到這個象群。

經過一段時間，象群中的絕大部分大象都掙脫了病魔的糾纏。可是，卻有一隻小象一直沒能恢復過來，眼看就要支撐不住而倒下。

但是，小象絕不能倒，只要牠一倒下，就會因為巨大的內臟彼此壓迫而傷害自己。而倒下，意味著置自己於死地！

就在小象即將倒下的那一刻，大象們兩隻一組輪流用自己的身體夾住小象的身體，支撐著苟延殘喘的生命，用自己的血肉之軀與命運抗爭。

又過了一段時間，奇蹟發生了，在大象群體的呵護下，小象慢慢恢復了元氣，終於擺脫了病魔的糾纏。

人生物語：

在艱難困苦面前我們常常只差最後的堅持，進而喪失了勇氣和毅力。其實，我們在困難來臨的時候，保持清醒和忍耐，給自己一個支撐，一切都會過去，生活會重新開始。

買醬油的故事

有一個買醬油的故事。

乙是大批發商，甲做的是小批發，甲從乙處購一批醬油，分三次取貨。第一次到乙處拿貨，乙早已算準了時間，先往桶裡倒了半桶水，再注入醬油，甲也粗心，沒有檢查。待到拿回去後，他不由得連呼上當。

第二次到乙處拿貨，甲便細心的帶著長杓子去。

而乙也偏偏早已料到了這一招，就在前一天晚上往桶裡倒上水，擺在院中，由於時值寒冬，一夜之間桶裡的水全都結成了冰，又注入醬油。

甲拿杓子一試，舀上來的果然是醬油，甲以為這次是貨真價實的醬油，便將醬油運回去，待把醬油倒出來之後方知再次上當。

第三次到乙處取貨，甲就更加細心了，在用杓子舀時，還要拿出來對照一下桶子的深度，而乙又早已料到，便在前一天晚上將水倒進桶子後放倒，使水在一側凍住，又注入醬油，甲一試果然又上當。

故事至此便結束了，並沒有那種善惡有報的下場。

後來，有人把這個故事講給一位教書的朋友聽，事隔不久他就辭職從商，不久便發了大財，買了別墅，有了汽車，好不令人羨慕。再後來又有人又把這個故事講

給一位經商的朋友聽，不久他就改行當了教師，教出了一批善良正直的學生。

人生物語：

其實，故事猶如一面明鏡，可以照見彼此的靈魂。生活中最亮的鏡子是自己的思想，是高尚還是卑劣，總會照出原形的。以人為鏡，可以知是非；以心為鏡，可以知善惡。但無論如何，只有那些高尚的人才能充分利用這塊明鏡的用途。

同樣珍貴

朋友在香港的百貨公司買了一個奧地利水晶，那水晶是一個赤身羅漢騎在一匹向前疾馳的犀牛上，氣勢雄渾，將修行者勇往直前的心境，表現的非常生動。

百貨公司裡有專門給水晶玻璃包裝的房間，負責包裝的是一位中年婦女。她找來了一個紙箱，體積大約有水晶作品的四倍大。

接著她熟練地把舊報紙和一些碎紙條墊在箱底，水晶作品放在中間，四周都塞滿碎紙條，最後她把幾張報紙揉成團狀，塞好，並滿意地說：「好了，沒問題了，就算是從三樓丟下來也不會破掉。」

那個水晶作品本來只有兩尺長、一尺高、半尺寬，現在成為一個龐大的箱子了。好不容易提回旅館，立刻覺得煩惱，這樣大的箱子要如何提回台北呢？

它的體積早就超過了手提的規定了，如果用空運，破損率太大，還是不要冒險才好，一個再好的水晶作品，摔破就一文不值了。

後來，他決定用手提，捨棄紙箱、碎紙條和舊報紙，找來一個手提袋提著。從旅館到飛機場一路平安無事。但是上了飛機沒走幾步，一個踉蹌，手提袋撞到身旁的椅子，只聽到清脆的一聲，他的心震了一下：完了！

他驚魂未定地坐在自己的座位上，連忙拿出水晶來檢查，果然犀牛的右前腳斷

裂，頭上的角則完全折斷了。

他心裡非常非常的後悔，後悔沒有聽信包裝婦人的話，更後悔把紙箱丟掉。這時他的心裡出現一個聲音說：

「對一個珍貴的水晶作品來說，包裝它的舊報紙和碎紙條是與它同等珍貴的！」

人生物語：

與美麗相伴的是缺憾，與花兒相伴的是綠葉，與彩虹相伴是烏雲。其實，它們同樣是有意義的。正如一道閃電，黑暗與它一樣有價值，許多事情都不可以忽視負面的因素。百分之百的完美是不存在的，因為不完美才是完美的組成。

連任總統

一九四五年，羅斯福第四次連任美國總統（美國憲法規定總統只能連任一次）。《先鋒論壇報》的一位記者採訪他，請他談談連任的感想。

羅斯福沒有回答，而是很客氣地請這位記者吃一塊三明治。記者覺得這是項殊榮，便十分高興地吃了下去。總統又微笑著請他吃第二塊。記者覺得情不可卻，又吃了下去，不料總統又請他吃第三塊，他的肚子已經裝不下了，但還是勉強地吃了下去。哪知羅斯福在他吃完之後又說：「請再吃一塊吧！」記者一聽啼笑皆非，因為他實在吃不下去了。

羅斯福微笑著說：「現在，你不需要再問我對於第四次連任的感想了吧！因為你自己已感覺到了。」

人生物語：

「此時無聲勝有聲」。語言中的深奧和寓意可見一斑。藉由暗喻和引射的方式來認識到連任總統的責任、份量，也讓人知道了什麼是沉重和無奈。許多事都是如此，生活也不例外，「痛並快樂著」嘛！

富翁的眼睛

美國有一位百萬富翁，他左眼的視力喪失了，裝了一隻人工眼睛。看上去這隻眼睛就跟真的一樣。百萬富翁非常得意，常常在朋友面前炫耀，要朋友猜哪隻眼睛是假的。

有一次他遇見了馬克・吐溫，問道：「你猜得著嗎？我哪隻眼睛是假的？」

馬克・吐溫指著他的左眼說：「這隻是假的。」

百萬富翁非常驚訝，說：「你怎麼知道？你是根據什麼？」

馬克・吐溫說：「我看到，你這隻眼睛裡還有一點慈悲。」

人生物語：

多麼高超的諷刺和揭露！既成功嘲諷了富翁缺乏「慈悲」，又提醒他應慈悲為懷。在爾虞我詐的商場裡，面對錢財名利，面對人情冷暖，要學會多給予他人關懷，畢竟，這樣才會使事業更長久，使人情更長遠。

幫助

一個小女孩因為長得又矮又瘦被老師排除在合唱團外，而且，她永遠穿著一件又灰又舊又不合身的衣服。

小女孩躲在公園裡傷心地流淚。她想：我為什麼不能去唱歌呢？難道我真的唱得很難聽嗎？

想著想著，小女孩就低聲地唱了起來，她唱了一首又一首，直到唱累了為止。

「唱得真好！」這時，一個聲音響起來，「謝謝你，小妹妹，你讓我度過了一個愉快的下午。」

小女孩被突來的聲音嚇了一跳。

說話的是個滿頭白髮的老人，他說完後就走了。

小女孩第二天再去時，那老人還坐在原來的位置上，滿臉慈祥地看著她微笑。

於是小女孩又唱起歌來，老人也聚精會神地聽著，一副陶醉其中的表情。最後他大聲喝彩，說：「謝謝你，小妹妹，你唱得太棒了！」說完，他獨自走了。

這樣過去了許多年，小女孩成了大女孩，長得美麗窈窕，是個知名的歌手。但她忘不了公園靠椅上那個慈祥的老人。於是她特意回去公園找老人，但那兒只有一張孤獨的靠椅。後來才知道，老人早就死了。

「他是個聾子，都聾了二十年了。」一個知情人告訴她。

人生物語：

樂於助人之所以被稱之為美德，就在於其行為毫無不良動機，不求回報。我們每個人不妨以此自勉，在別人有困難時，多替對方想想，幫助別人也等於幫助了自己，也能陶冶一個人的高尚情操。

每一次善意的鼓勵，都是一個希望，都是一次創造的機會，我們的鼓勵，出於自己的本性，有時卻是一個人生存的勇氣。

種子的力量

有人問：世界上什麼東西的氣力最大？回答紛紜得很，有人說是大象，有人說是獅子，有人開玩笑似的說，是金剛。金剛的力氣有多少，當然大家都不知道。

這裡有一個故事：

人的頭蓋骨結合得非常緻密，堅固。生理學家和解剖學家用盡了一切的方法，要把它完整地分開來，都沒有成功。後來忽然有人發現了一個方法，就是把一些植物的種子放在要剖析的頭蓋骨裡，給予溫度和濕度，使種子發芽。一發芽，這些種子便以可怕的力量，將一切機械力所不能無法分開的骨骼，完整地分開了。植物種子力量如此之大。

這也許特殊了一點，常人不容易理解。那麼，你見過被壓在瓦礫堆和石塊下的一棵小草的生成嗎？它為了嚮往陽光，為了達成它的生命意志，不管上面的石塊如何重，石塊與石塊之間如何狹窄，它總要曲曲折折地，頑強不屈地鑽到地面上來。它的根往土裡鑽，它的芽往上面挺，這是一種不可抗拒的力，阻止它的石塊結果也被掀翻了。一粒種子力量如此之大。

沒有一個人會將小草叫做大力士，但是它的力量之大，的確世界無比。這種力量是一般人所看不見的生命力。只要生命存在，這種力量就會顯現，上面的石塊絲

毫不能阻擋它，因為這是一種「長期抗戰」的力，有彈性——能屈能伸的力量；有韌性——不達目的不止的力量。

如果不落在肥土中而落在瓦礫中，有生命的種子絕不會悲觀歎氣，它相信有了阻力才有磨練。生命開始的一瞬間就帶著鬥志而來的草才是堅韌的草，也只有這種草，才可以對那些在玻璃棚中養育的盆花嗤笑。

人生物語：

種子的力量究竟有多大？可以說答案是驚人的。這種力量在於不管有多麼曲折和艱難，都會頑強的奮鬥，不達目的不罷休，人也應該一樣，做個頑強的小草，迎難而上。

善待他人就是善待自己

從前有一個漁夫，一天，他捕到了一隻很大的牡蠣，他把牡蠣放在簍子裡。漁夫睡著後，這隻牡蠣已經乾渴得快要死了。

牡蠣歎了口氣：「上帝啊，快救救我吧！」就在這時，一隻老鼠從這裡經過。牡蠣準備利用這從天而降的唯一機會來挽救自己。

「老鼠，您的心腸這麼好，肯定能把我帶到海邊去，是吧？」老鼠看了牡蠣一眼，心裡想，這個牡蠣又肥大又漂亮，一定富有營養並且可口。

老鼠嘴上答應著，心裡卻想著要吃掉牡蠣，「但是為了把你帶到海邊，你得把殼張開一點。你的殼緊閉著，我怎麼帶你走呢！」

「好，聽你的！」牡蠣同意了。但是，他十分警惕地將其殼半張半開。

老鼠立刻伸過嘴巴來咬牡蠣。儘管老鼠的行動很迅速，但牡蠣事先就預料到了這一步，一下子就夾住了老鼠的腦袋。老鼠疼得吱吱叫。

老鼠的叫聲傳到貓的耳朵裡，貓立刻跑過來，捉住了這隻害人害己的老鼠。這隻貓吃了老鼠，飽餐了一頓。牠為了感謝牡蠣，於是把牡蠣含著，送進了大海。

人生物語：

自私的老鼠想吃掉求救於牠的牡蠣，最終落入貓腹，成為別人的食物。貓卻為了感謝牡蠣而幫牠回到大海。看似是一個巧合的結局，其實是告訴我們害人之心不可有，否則害人終害己。

第一百位客人

中午尖峰時間過去了，原本擁擠的小吃店，客人都已散去，老闆正要喘口氣翻閱報紙的時候，有人走了進來。那是一位老奶奶和一個小男孩。

「牛肉湯麵一碗要多少錢呢？」奶奶坐下來拿出錢袋數了數錢，叫了一碗熱氣騰騰的湯麵。

奶奶將碗推向孫子面前，小男孩吞了吞口水望著奶奶說：「奶奶，您真的吃過午飯了嗎？」

「當然了。」奶奶含著一塊蘿蔔泡菜慢慢咀嚼。一晃眼功夫，小男孩就把一碗麵吃個精光。

老闆看到這幅景象，走到兩個人面前說：「老太太，恭喜您，您今天運氣真好，您是我們店裡的第一百個客人，所以免費。」

之後過了一個多月的某一天，小男孩蹲在小吃店對面像在數著什麼東西，使得無意間望向窗外的老闆嚇了一大跳。

原來小男孩每看到一個客人走進店裡，就把小石子放進他畫的圈圈裡，但是午餐時間都快過去了，小石子卻連五十個都不到。

心急如焚的老闆打電話給所有的老顧客：「很忙嗎？沒什麼事，我要你來吃碗

湯麵，今天我請客。」像這樣打電話給很多人之後，客人開始一個接一個到來。

「八十一，八十二，八十三……」男孩數得越來越快了。終於當第九十九個小石子被放進圈圈的那一刻，小男孩匆忙拉著奶奶的手進了小吃店。

「奶奶，這一次換我請客了。」小男孩有些得意地說。

真正成為第一百個客人的奶奶，讓孫子招待了一碗熱騰騰的牛肉湯麵。而小男孩就像之前奶奶一樣，含了塊蘿蔔泡菜在口中咀嚼著。

「也送一碗給那男孩吧。」老闆娘不忍心地說。

「那小男孩現在正在學習不吃東西也會飽的道理呢。」老闆回答。

吃得津津有味的奶奶問小孫子：「要不要留一些給你？」

沒想到小男孩卻拍拍他的小肚子，對奶奶說：「不用了，我很飽，奶奶您看……」

人生物語：

「與人為善，成人之美。」老闆的善念會讓孩子知道愛和成長的意義，在幼小的心裡播下善種，只要每個孩子都有一顆愛心，那麼人人有愛，社會和諧的景象就會成為現實。

恥辱戒指

在加拿大，科技界的人士常常可以看到，一些專家學者左手的無名指戴著一枚式樣相同的鋼制戒指。原來，佩戴這種戒指的人，都畢業於著名的加拿大工學院。

這是一所在國際上也相當有名望的學校，在國內更是聲名赫赫，可是在該校的校史上卻出現過一次醜聞，這個醜聞幾乎使這所知名大學名譽掃地。

一次，加拿大政府要建造一座大型橋梁，把設計工作交給了這個學校。由於一名工程師在設計上的技術失誤，橋梁在建造完成之後不久就垮塌了，使得政府和地方蒙受了巨大的損失。

這一醜聞同時為學校帶來負面的評價，造成了極為不良的影響。

為了不忘這一慘痛的教訓，加拿大工學院把建造這座橋的鋼材買了下來，製作成戒指，命名為「恥辱戒指」，每屆學生在得到學校發給的畢業文憑時，都會同時得到一枚「恥辱戒指」。

長期以來，牢記「恥辱戒指」教訓的加拿大工學院的畢業生們，在技術上精益求精，在工作中嚴謹認真，取得了許多驕人的成就。

時至今日，所有加拿大工學院的畢業生仍把那只鋼戒帶在手上，但伴隨他們的不再是「恥辱」，他們當中有不少人為母校爭得了榮譽。

人生物語：

沒有人能在一生之中不會犯錯，如果一生都在自責的心態之中度過，那麼，浪費的不僅是生命，還無事於補。應該坦然面對，勇敢承擔，讓同樣的錯誤絕不再犯，這樣才能夠維護尊嚴。

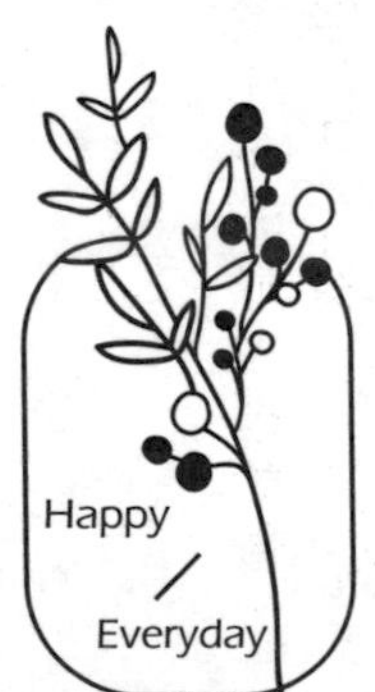

比海更寬闊的是胸懷

有一所地勢較高的中學，上課時從教室就能看到變化無窮的大海。

那年約有八十名新生入學，其中大多數是那些與大海對抗的漁民們的子女。一位新來的老師第一次給新生們上課。

「起立。」

大家都站起來。因為是新生，所以都很認真，教室出現瞬間的寂靜。但是，有一名學生未起立。

「站起來，剛入學就這種態度可不行！」

老師的語氣顯得非常嚴厲。

這時，傳來一個聲音：「老師，我站著呢！」

是的，他是站著，但是由於這個同學個子太矮，所以看起來像是坐著。

糟糕！老師頓時覺得做了對不起同學的事。她為自己的粗心感到不安，一時竟不知該說什麼。如果在此時道歉，反而會更加傷他的自尊心。於是，老師當時只說了聲「對不起」，周圍的學生都笑了起來。

下課後，老師本想找個機會道歉，但忙亂之中竟把此事忘了。

第二天，天空晴朗無雲，春天的大海碧波蕩漾，老師又給這個班上第二次課。

「起立。」

又是瞬間的寂靜。這時，忽然傳來一個洪亮的聲音。

「老師，我站著呢！」

是那個矮個子同學，他站在椅子上，微笑著。老師卻只覺得非常愧疚。從微笑中，老師看出他這樣做並不是無禮的捉弄，也沒有叛逆情緒的表露。

他彷彿在說：「老師，我不在意，請不要為我擔心。」這樣的體諒，使這位老師的心口感到一陣疼痛。晚上，老師懷著複雜的心情打了通電話給那位同學。

「老師，別在意。」對方傳來一個爽朗又充滿稚氣的聲音。

老師長久無語，只祈盼明天的天空還是晴朗無雲，大海依舊碧波蕩漾。

人生物語：

心胸寬廣的人會平靜地面對別人的誤解和接受自己的不足，而且能夠去寬容別人的錯誤和過失，所以他是快樂的，帶給別人的也是晴朗的天空。用寬廣的胸懷去面對生活，還有什麼會使你失去笑容呢？

心靈測試

朋友講了這樣一個故事：

一戶人家在搬家的時候，發現雜物堆中有兩隻老鼠。大家齊聲喊打，但卻又突然住了手——人們發現那兩隻老鼠有些異樣，其中一隻老鼠咬住了另一隻老鼠的尾巴，牠們像手拉手橫越馬路的孩子那樣，大搖大擺地進行「戰略轉移」。這時候，有人喊了一聲：「快看後面那隻老鼠——是個瞎子！」

大家定眼望去，可不是嗎？後面那隻老鼠的頭部鼓著一個像腫瘤似的東西，兩隻眼睛幾乎都被覆蓋住了。

大家輕歎著，一瞬間就明白了眼前發生的一切——大禍臨頭，那隻健全的老鼠不忍丟下可憐的同伴，就把自己的尾巴放到同伴的嘴裡，引導牠脫離險境。看著這悲壯的一幕，人們的心倏地軟了，大家不約而同地讓出一條通道。

朋友的故事講完了。

最後，他很認真地對聽的人說：「每次講完這個故事，我都忍不住讓聽故事的人猜猜這兩隻老鼠可能是什麼關係——你們也試著說說看。」

聽故事的人沉吟了片刻，說：「你一定聽到過許多諸如夫妻關係、母子關係的猜測，可是我寧願相信這兩隻老鼠沒關係。」

朋友莞爾一笑，說：「猜夫妻關係的有一顆銀子般的心，猜母子關係的有一顆金子般的心，猜沒有關係的有一顆鑽石般的心。」

人生物語：

人生最可貴的是人與人之間同舟共濟，風雨同行，不計個人得失與生死。患難之處方見真情，過共同享福的日子容易，可是要做到危難之處兩肋插刀，挺身而出，仗義為懷就難了。

願天下蒼生都有一顆鑽石般的心。心靈是自己的，天堂地獄只在一念之間，全憑自造。

溫暖

一次，幾個淘氣的小男孩兒想為難為難達爾文，就故意把螞蚱的腿、螳螂的頭、蜻蜓的翅膀和知了的肚子拼接在一起，然後「一本正經」地問達爾文：「先生，您知道這是什麼蟲嗎？」

達爾文一看就明白，此「蟲」是四種昆蟲的組合，如點穿牠的「身分」將會使孩子們大失所望，如回答「不知道」又會使孩子們因滿足而得意，於是故作驚訝地問了一句：「孩子們，你們捉住牠的時候，牠是不是正在嗡嗡地叫？」

孩子們回答：「是的。」

達爾文馬上笑笑：「那就對了，牠叫嗡嗡蟲。」——孩子們聽了，不由得暗暗叫苦，但也深切地感到眼前的這位科學家親切無比。

人生物語：

真佩服達爾文，心中居然有那麼多的陽光——自然，誰心中有陽光，誰也就會使孩子們感到格外溫暖。溫暖來自一種真誠、樸實的心靈回應，是一種自然的流露和共鳴。溫暖其實很簡單，那就是心裡有陽光。

孝心

他決定要給父親洗一次腳。因為他剛看了一篇文章說，一位很有成就的人在反思自己一生的經歷時，覺得最大的遺憾是沒有好好地盡孝，甚至沒給父親洗過一次腳。他看完文章之後覺得深受啟發，想到自己從來就沒有好好地盡過孝，也沒有給父親洗過一次腳，他要用行動來彌補這一遺憾。

第二天，他起了個大早趕火車。坐了一天的火車，傍晚時才進了家門。父親見他回來，又喜又驚，問：「公司放假了？」

「沒有。」

「出差順路？」

「也不是。」

「那你怎麼有時間回家？」

「我想回家給您洗一次腳。」

父親聽後大惑不解，忙著問：「孩子，有什麼事跟爸爸說，是不是被炒魷魚了？」他覺得跟父親說不清楚，便不再搭話。於是端來熱水，給父親洗腳，洗得很認真，洗完之後又扶著父親上床休息。

坐了一天的車，很累，他上床不久就睡著了。他終於盡過一回孝了，心裡很踏實，也就睡得很香。

但父親卻一直沒睡著，在床上翻來覆去的。

心想「孩子出什麼事了呢？」父親實在憋不住，半夜裡幾次起來想叫醒他，但看兒子睡得那麼沉，也就沒叫他。

天快亮的時候，父親終於憋不住了，他推醒兒子，問道：「孩子，告訴爸爸，到底出了什麼事了？你不說出來，爸爸都快要被你急出病來了。」

人生物語：

孝，從來不是暴風驟雨，心血來潮；而是潤物無聲，悄無聲息。是生活中對父母的每天的問候，是為父母每天先盛上一碗飯，為父母每天沏上一杯茶，陪父母聊天，談談工作……不要等想起來才去做。

父親們的話

❖一

一位農民的兒子在城裡做了大官。某日返鄉探望闊別多年的父老鄉親。在親朋好友的一片讚揚聲中，其老父卻嚴肅的指出兒子工作中的某些失誤。

兒子不服氣地說：「沒錯，我為官多年，工作中確實存在著某些缺點和錯誤，但是比起優點和成績來，這不過是十個指頭的一個罷了。」

老父親默默地拿起一條鎖鏈，命兒子拴住一條狗。不一會兒狗掙斷鎖鏈逃走了。兒子撿起鎖鏈，發現其中的一個釦環被鐵銹蝕壞了。

父親語重心長地說，「看到了吧！這條鐵鎖鏈共有一百個釦環，其中九十九個都完好，只有一個被銹壞了，結果連一條狗也拴不住啊！」兒子慚愧地低下了頭。

❖二

美國百萬富翁約翰．洛克菲勒是個百萬富翁，可是他自己本身卻十分的節檢。有一天，他到紐約一家旅館住宿，要求住那裡最便宜的房間。

經理告訴他說：「你的兒子在這裡住宿，他總是挑最貴的房間住呢！可是你住的都是最便宜的。」

洛克菲勒說：「是啊，他的父親是富翁，但我的父親是窮人。」

❖ 三

喜劇演員戴維・布瑞納出身於一個貧窮但很和睦的家庭。可是，在中學畢業時，他收到了一份難忘的禮物。他回憶說：「當時我的同學有很多都收到了新衣服，有些富家子弟甚至得到了新的轎車。當我跑回家，問父親我可以得到什麼禮物時，父親的手伸進褲子的口袋裡，取出一樣東西，我伸過手去，他把禮物輕輕放到我的手上，是一枚硬幣！

父親對我說：『用這枚硬幣去買一張報紙，一字不漏地讀一遍，然後翻到分類廣告欄，替自己找一個工作。到外面的世界去闖一闖，它現在已經屬於你了。』後來當我回想起我的家庭和生活時，我才明白了父親給予我的禮物是整個世界。」

人生物語：

父母恩厚重如山，深邃如海，哲理蘊含其中。因為父母將一生的人生閱歷都濃縮為最深刻的話語，他們為我們的人生指出光明的道路，讓我們受益無窮。

母親的耳朵

奶奶七十多歲了，沒病沒痛，身體很硬朗，就是耳朵背得厲害。她常問他：「你在哪裡工作呀？」

他對著她的耳朵大聲喊：「在台中！」

「噢！在台東呀！好哇，台東離家不遠……」

奶奶說話就這樣，跟說相聲似的。

去年春節，姑姑回老家來過年，姑姑在北部工作，已十幾年沒回家過年了。那天一大早，奶奶拉著姑姑的手，上下打量一陣，關切地問：「三妹是不是感冒了？昨晚我聽到妳咳嗽了。」

一句話，聽得姑姑涕淚漣漣。

姑姑在返鄉的途中確實受了點涼，昨晚咳了幾聲。姑姑怕打擾到家人，每次咳嗽時都用手帕緊緊摀住嘴巴。姑姑真不明白，那麼輕微的幾聲咳嗽，睡在隔壁房間耳背的奶奶，竟能聽得見。

有天深夜，他坐在床頭看書，妻子睡在旁邊發出輕柔的鼾聲。

忽然，妻子猛地坐了起來，說：「兒子掉下來了。」

「不會的，我沒聽到一點動靜。」

兩人急忙到兒子房間查看，四歲的兒子真的滾下了床。幸好床不高，兒子並未受傷，仍躺在地上睡得很熟呢！不過，他真納悶：兒子滾下床來，睡夢中的妻子聽見了，而醒著的他卻毫無知覺！

人生物語：

其實，母親不一定是用耳朵去聽的，她是用心去聽的。母愛有時是看不見的，就如同母親奇特的聽覺！

燈芯將殘

有一位醫術高明的醫生，不但熱心救人，並且收費低廉，遠近的居民都喜歡找他看病。

一天，來了一位半身不遂的白髮老翁，坐在輪椅上，由兒子推著走。

「無論如何，拜託你救救我父親……」四十多歲的大男人，哭得像嬰兒一般，「看了好多位醫生都沒有起色，我只想讓他多活幾年。千萬拜託，大夫。」

醫生仔細量脈搏、血壓、做了心肺檢查後，開了一張藥單，並特地叮嚀：「回家以前，不妨上醫院三樓的佛堂坐坐。」

男人聽得一頭霧水，只當醫生是在安撫病患情緒，沒放在心上。

匆匆地過了兩個月，男人又推著老父來就診，仔細檢查、開藥方後，醫生再度囑咐他陪父親去醫院三樓的佛堂坐坐。

但男人依舊沒在意，拿了藥便推著父親走了。

直到第三次看診，開完藥方後，醫生攔住他，按下電梯一同前往醫院三樓的佛堂。

三人默默瀏覽著素雅的盆景和書架上的善書佛經，八坪方大的空間裡，除了清水和兩碟笑香蘭之外，還有橙黃的酥油在供桌上無聲的焚燒，沉睡在火焰的夢裡……

燈芯將殘

「我請你們上來坐的原因，是看看油燈的燈芯……」醫師指著前方說，「每一盞油燈都需要燈芯，有最好的油卻沒燈芯，還是無法燃燒。每當油快要燒光，燈芯剩下一小截時，我就會想：再添些油到容器裡，應該可以延長燈芯的壽命吧！於是我真的這麼做了，結果你們猜怎樣？」

望著滿臉疑惑的父子二人，他緩緩接道：「我總是貪心的倒進太多油，結果不是火焰變得極微弱，就是燈芯根本燒不起來。試過好幾次以後，我才明白：要讓燈芯發出最自然的光芒，只有一個方法，就是在容器內注滿油，讓燈芯一路燒完，油盡燈枯，再添入新油、換上新燈芯，這才是點燈的正確方法。」

男人恍然大悟，默默點頭，含淚推著輪椅上的老父離去。

人生物語：

容器是命運，油彷彿我們身處的世界，而燈芯就像肉體軀殼一樣。

油燈將殘，由它去吧！人之將逝，讓其遠走。這是人世間逃不掉的規律，只要在有生之年沒有違天而行，順其自然，就已經足夠了。

填滿心靈

一位有智慧的父親想考驗一下自己的兒子們，看看他們兄弟中誰最聰明。於是就出了一道題：給三個兒子每人一百塊錢，要他們去買他們所能想到的任何東西，再將買回來的東西，設法裝滿一個大倉庫。

大兒子想了很久，決定將一百塊錢全部拿去買最便宜的稻草。但稻草運回來之後，連倉庫的一半都裝不滿。二兒子將一百塊錢買了很廉價的沙土。將沙土全部倒在倉庫裡，還是離裝滿差了很遠。

小兒子看著兩個哥哥的舉動，等他們失敗之後，小兒子輕鬆地走進倉庫，將所有的窗戶牢牢關上，請父親和兩個哥哥也走進倉庫中。然後小兒子把倉庫的大門關好，整個倉庫霎時變得伸手不見五指，黑暗無比。這時，小兒子推開了倉庫的天窗，頓時，漆黑的倉庫中充滿陽光。

人生物語：

繁瑣的東西是填不滿自己心靈的，只有明媚的陽光，才能將心靈充滿。打開自己的心靈，放陽光進來吧！

學會欣賞

作家林清玄當年做記者時，曾經報導過一個小偷作案手法非常細膩，犯案上千起，第一次被捉到。

他在文章的最後，情不自禁地感歎：「像心思如此細密，做案手法那麼靈巧，風格這樣獨特的小偷，又是那麼斯文有氣質，如果不做小偷，做任何一行都會有所成就吧！」沒想到，他二十年前無心寫下的這句話，卻影響了一個青年的一生。如今，當年的小偷已經是台灣幾家羊肉火鍋店的大老闆了！

在一次邂逅中，這位老闆誠摯地對林清玄說：「林先生寫的那篇報導，打破了我生活的盲點，使我想到，為什麼除了做小偷，我就沒有想過做正當的事呢？」從此，他脫胎換骨，重新做人。

回頭想想，如果沒有林清玄當年對小偷的「欣賞」和企盼，恐怕也就不會有他今天的事業和成就。不難看出，欣賞對人生是多麼重要啊！

人生物語：

有的時候，偉大這個詞也可以用在「欣賞」上。欣賞，是一種理解和溝通，也包含了信任和肯定；欣賞，也是一種激勵和引導，可以使人揚長避短，更健康地成長和進步。

其實，社會上的每一個人都渴望別人的欣賞，同樣，每一個人也應該學會去欣賞別人。學會欣賞，是一種愛。人與人之間相互欣賞，這樣的世界才是最美好的人間！學會欣賞，用欣賞的眼光去看待世界，看待周圍的人，因為你的欣賞很重要。

有了欣賞，世界才會變得美好起來！

透視心思的怪獸

傳說在世界上有一隻可以透視人類心思的怪獸。

有一位樵夫在無意間發現這隻怪獸，想消滅它以除後患，沒想到怪獸透視樵夫的心思，大笑著說：「哈哈哈！你還沒有開始做，我就知道你在想什麼，我可以預知你的下一步動作，想要消滅我，可是比登天還難呢！」

樵夫自知無能為力，決定不再理會這隻怪獸，一心一意地砍樹。但怪獸不斷地在樵夫身旁奔跑嬉鬧，故意擾亂樵夫的心情。樵夫舉起斧頭一揮，想警告怪獸不要再無理取鬧。

怪獸得知樵夫的心思，早先一步躲開，安然無恙。

樵夫拿怪獸沒辦法，只好不理會，集中自己的注意力，專心砍樹。沒想到斧柄鬆脫，斧刃瞬間飛了出去，只聽見一聲慘叫，斧刃竟然準確地砍在怪獸的要害處。

怪獸可以透視樵夫的心思，卻無法躲過樵夫的無心揮擊。

人生物語：

遇到事情時，光發脾氣解決不了問題。沉著冷靜，尋求出路，遇到解決不了的問題時，不妨暫時放一旁，也許無意間問題就會迎刃而解。

參照標準

有一個人去買碗，他懂得一些識別瓷器材質的方法，就是用一個碗輕撞其他碗，如果能發出清脆聲音的碗就是材質好的。但來到店裡，他卻發現每一個碗發出的聲音都不夠清脆。

最後店員拿出價格高昂的工藝碗，結果還是讓他不太滿意。

店員最後不解地問：「你為什麼拿著碗撞它呢？」那人說這是一種辨別瓷器材質的方法。

店員一聽，立即取過一個材質上好的碗交給他：「你用這個碗去試試。」他換了碗，再去輕撞其他的碗，聲音變得鏗鏘起來。

原來他之前手中拿著的是一得材質很差的碗，而用它去輕碰每個碗，都會發出混濁之音。

人生物語：

選好參照物，是我們正確認識某一件事的前提，參照標準不一樣，結論就會不一樣。生活也是如此，如果參照標準是錯的，那麼你眼中的世界就是錯的。

威風凜凜和騎虎難下

從前，有一個青年要到一個村莊去辦事，途中要經過一座大山。臨行前，家人囑咐他：「遇到野獸不要驚慌，爬到樹上，野獸便奈何不了你了。」

年輕人牢記在心，一個人上路了。

他小心翼翼地走了很長時間，並沒有發現有野獸出現，看來家人的擔心是多餘的了。他放下心來，腳步也輕鬆了幾分。正是這時，他突然看到一隻猛虎飛奔而來，於是連忙爬到樹上。

老虎圍著樹幹咆哮不已，拚命往上跳。年輕人本想抱緊樹幹，但卻因為驚慌過度，一不小心從樹上跌了下來，剛好跌到猛虎背上。他只得抱住虎身不放，而老虎也受了驚嚇，立即拔腿狂奔。

另外一個過路人不知事情的緣由，看到這一場景，十分羨慕，讚歎不已：「這個人騎著老虎多威風啊！簡直就像神仙！」

騎在虎背上的年輕人真是苦不堪言：「你看我威風凜凜，卻不知我是騎虎難下，心裡惶恐萬分，怕得要死呢！」

人生物語：

生活中也是一樣，當我們看到別人威風八面，好生羨慕時，說不定他正暗中自愁，不知所措。當你看出他內心的真實想法時我們則會充滿憐憫，所以與其羨慕別人不如自己生活的真實些，而不讓他人左右。

生活的智慧

花生是德國人喜愛的食品。在德國農村，花生是最主要的農作物，一到採收的季節，農民就進入最繁忙的狀態，他們不僅要把花生從田裡收回來，而且還要把它運送到附近的市集裡去賣。

原先，農民都有一個習慣，就是把採收好的花生，依外觀的大小分為大、中、小三類，這樣再載到市集裡去賣就能賣個好價錢，比混在一起賣能多賺很多錢。但是要把堆成小山一樣的花生分揀開來卻不是一件容易的事，光是這件事就要花費掉許多人力和時間，也影響花生的上市時間。

後來人們發現了一件奇怪的事：漢斯一家從來沒有人分揀過花生，他們總是把花生直接裝進麻袋裡，運到市集裡去賣，而且價錢賣得也不錯。這是怎麼一回事呢？

原來漢斯在向市集裡送花生時，沒讓汽車走平坦的公路，而是選擇了一條顛簸不平的山路。

這樣經過十英哩的顛簸，小的花生就自然落到麻袋的最底部，大的留在了上面。賣時仍然大小分開，一樣賣得好價錢。聰明的漢斯不僅節省了勞力，還贏得了寶貴的時間，他的花生總能比別人早一些上市，自然他的錢是越賺越多了。

人生物語：

大自然中有許多類似的現象。平時不留意根本意識不到，但如果注意觀察，用心分析，善加利用，就能給生活帶來許多便利。

「處處留心皆學問」。平時多留意一些生活中的現象，並善加利用，生活就會更加輕鬆，這也是生活的智慧。

遊戲挫折

一個春光明媚的日子，在陽光普照的公園裡，許多小孩正在快樂地遊玩，其中一個小孩不知絆到了什麼東西，突然摔倒了，並開始哭泣。

這時，旁邊有一個小女孩立即跑過來，別人都以為這個小女孩會伸手把摔倒的小女孩拉起來，或安慰鼓勵她站起來，但出乎意料的是，這個小女孩竟在哭泣著的小女孩身邊也故意摔了一跤，同時一邊看著小女孩一邊笑個不停。

淚流滿面的小女孩看到這幅情景，也覺得十分可笑，於是破涕為笑，兩人在一起玩得非常開心。

人生物語：

挫折、失敗是人生難免的插曲，一帆風順的人生是平淡的人生，只有經歷挫折，笑對挫折的人生才會充滿滋味，才會陽光明媚。

順其自然

畫家住在山邊，有一次因為颱風，暴漲的雨水沖破了他家的前門，家人正拿著木板磚石想去阻擋，卻被畫家阻止：「前門不必擋，快把後門打開。」果然，那山洪由前門進，在院子裡打個轉，又由後門流出去，院子裡雖然有水，但只是流過，始終沒有積深。

颱風過去了，家人前來報告：「房子裡只濺進了一點點水，古董字畫毫無損失，唯有幾卷立在門邊的宣紙被浸上了水漬。」

「把宣紙攤在地上，並用水將紙整個噴濕。」畫家又下了一道令人不解的指示。當家人照辦，將那宣紙噴濕、風乾之後，原先的水漬居然全不見了，再經電熨斗一燙，簡直平整如新。

「水怎麼流進來，就讓它怎麼流出去。怎麼浸漬，就讓它怎麼消除！」畫家笑著說。

人生物語：

生活也是這樣，強求自己去做的事情不如順其自然去處理，這樣往往會輕鬆解決。

尋找快樂

一群年輕人到處尋找快樂，但是卻遇到了許多煩惱、憂愁和痛苦。

他們向老師蘇格拉底請教，快樂到底在哪裡？

蘇格拉底說：「你們還是先幫我造一條船吧！」

年輕人們暫時把尋找快樂的事情放到一邊，找來造船的工具，鋸倒了一棵又高又大的樹，挖空樹心，用了七七四十九天造成了一條獨木船。

獨木船下了水，年輕人把老師請上船，一邊合力搖槳，一邊齊聲唱起歌來。

蘇格拉底問：「孩子們，你們快樂嗎？」

學生齊聲回答：「快樂極了！」

蘇格拉底道：「快樂就是這樣，它往往在你為著一個明確的目標忙得無暇顧及其他的時候突然來到。」

人生物語：

快樂在追求和奮鬥中會不經意的找上你，而收穫自己奮鬥成果的時候才是最快樂的。選擇快樂，就是要為一個明確的目標努力，使自己繁忙起來。

另一塊木牌

法國著名的女高音家瑪・迪梅普萊有一個美麗的私人林園。每到週末，總會有人到她的林園摘花，拾蘑菇，有的甚至搭起帳篷，在草地上野營野餐，弄得林園一片狼藉，骯髒不堪。

管家曾請人在林園的四周圍上籬笆，並豎起「私人林園禁止入內」的木牌，但均無濟於事，林園依然不斷遭到踐踏、破壞。於是，管家只得向主人請示。

迪梅普萊聽了管家的報告後，讓管家做一些大牌子立在各個路口，上面醒目地寫明：「如果在林中被毒蛇咬傷，最近的醫院距此十五公里，開車約半小時即可到達。」

從此，再也沒有人闖入她的林園。

人生物語：

不同的觀念方法轉變，將帶動整個局面的扭轉，有時成敗就在於一念之間。

縮頭的小烏龜

一個小男孩，收到爺爺送他的一份生日禮物，那是一隻可愛的小烏龜。他在興奮之餘，很想和烏龜一起玩耍，但烏龜初到陌生的環境，馬上就把頭腳縮進了殼裡。小男孩便用棍子捅牠，想把牠趕出來，但卻一直沒有效果。

爺爺看到他的舉動，就說：「不要用這種方法，我教你一個更好的辦法。」他和小男孩把烏龜帶進屋內，放在暖和的壁爐旁，幾分鐘後烏龜覺得熱了，便伸出了牠的頭和腳，主動向小男孩爬去。

爺爺說：「有時候人也像烏龜一樣。不要用強硬的手段逼迫別人，只要以善意、親切、誠摯和熱情的方式，使他覺得溫暖，他就一定會去做你想要他做的事。」

人生物語：

溫暖的關愛是打開心靈最好的鑰匙。

把花留在這裡

有一位牧師，奉派到新教區，他發現前任牧師種了數百株鬱金香。然而附近學校上學的學童走過花園，見花便摘。有一天早上學童走過時，他站在花園前，有個學童問他：「我可以摘一朵花嗎？」

牧師問：「你要哪一朵？」那孩子選了開得最美的一朵鬱金香。

牧師接著說：「這朵花是你的。要是你把它留在這裡，它很久都不會凋謝。要是把它摘掉，它只能活數小時。你想把它怎麼樣？」

孩子想了一會兒說：「我要把花留在這裡，放學後再來看它。」

當天上午，有十多個孩子都在這裡選擇他們的花，每個人都同意把他的花留在花園裡，免得過早凋謝。那年春天，牧師送出整個花園的花，但一朵花都沒有糟蹋，還結交了許多朋友。

人生物語：

留下花朵，擁有的是春天；留下殘枝，擁有的是荒園。願我們都有一顆美好的心和美好的品德。

過渡

在一個黃昏，靜靜的渡口來了四個人，一個是富翁，一個是當官的，一個是武士，還有一個是詩人。

他們都要求老船長把他們擺渡過去對岸。老船長捋著鬍子：「把你們的特長說出來，我就擺渡你們過去。」

富翁掏出白白花花的銀子說：「我有的是金錢。」

當官的不甘示弱：「你要送我我過河，我可以讓你當一個縣官。」

武士急了：「我要過河，否則……」說著揚揚握緊的拳頭。

「你呢？」老船長問詩人。

「唉，我一無所有，可是我如不趕回去，家中的妻子兒女一定會急壞的。」

「上船吧！」老船長揮了揮手，對詩人說道：「你已經顯示出你的特長，這是最寶貴的財富。」

詩人疑惑著上了船：「老人家，能告訴我答案嗎？」

「你的一聲長歎，你臉上的憂慮是你最好的表白，」老人一邊搖船一邊說，「你的真情流露是四人當中最寶貴的。」

人生物語：

真誠的心靈是人最寶貴的本色。以誠相待，誠心對人，就會如沐春風，如品佳茗。與真誠相比，一切金錢和權勢都顯得蒼白無力。

簡單的愛

一位老人病了，兒女們、親戚朋友都來探望他。眾親友帶來的鮮花禮物，堆成一座小山似的，老人也只睜開眼睛看一看，又疲倦地闔上了。

一個小女孩，可能是老人的孫女吧！輕輕走進來，用小手捏了捏老人的手，然後用同樣的小手撫著捏著老人的額頭、臉部、耳朵、頸部、雙肩，末了，似乎沒什麼事情可做，開始替老人梳理那幾根稀疏的白髮。

這中間，老人一直沒有動靜。過了好長時間，方才閉著的嘴巴緩緩說：「留這孩子一個人陪我就行，你們其餘的人都回去吧！」

人生物語：

對於一顆孤寂的心來說，另一顆無微不至關懷的心才能給它溫暖和撫慰。鮮花、禮物不過是些毫無意義的形式而已。

他有沒有情人

一個沒有兒女，快四十歲的太太，偶爾想到：丈夫是不是有了情婦？不想還好，如此一想，「是不是有了情婦？」的疑問，不久就變成「似乎有了情婦」，最後又一變而為「一定有情婦」。

為了抓到證據，丈夫一回家，她就猛聞他的衣服，搜查口袋，甚至連口袋裡每一張收據發票都要仔細檢查一番。

寄給丈夫的信，也難逃被拆開檢查的命運。來信並沒有值得懷疑的內容。可是，她就是不死心，心想：「這，或許是用密碼寫的信。」於是，每隔三字就挑出一個字，把它排列，讀一讀，看看是不是可以聯成有意義的文句。

這一招並沒有使她有所發現。這下子她該放心了吧？並不。她搬出放大鏡，跟她懷疑的熟識的女性筆跡細細比較……

接著她又胡思亂想：

「我知道，那個情婦，一定是趁我熟睡的時候摸進丈夫的臥室……」

她暗中把窗子用紙封起來，還在院子裡撒了一層沙。

隔天，她起了個大早，急急檢查。結果是：紙張絲毫未破，沙土上只有狗的腳印。

一天深夜，她突然聽到丈夫猛咳了幾次咳嗽……原來，他是用咳嗽做信號！情婦必然躲在隔壁！

可是隔壁只住著一位老太婆，她不可能是丈夫的情婦吧？咦，對了，他們是利用老太婆的家暗中幽會，絕對錯不了。

她迫不及待地跑去問老太婆：「昨晚是不是有個年輕女性住在你家？」

老太婆笑吟吟地說：「沒有的事，我向來就是一個人。」

老太婆的笑，似乎含義頗深，實在令她懷疑。這，大有文章呀……數天後的傍晚時分，這位太太到市場買菜，回家途中拐進巷口，就那麼巧她發現老太婆正站在他們家的後門，往裡面看，一看到這位太太回來，她就轉身離去。

跟丈夫私通的原來是這個七老八十的臭女人！一股怒氣頓時直衝她的腦門……當她恢復神志，發現老太婆已經被她掐死在門口……

人生物語：

無端的疑心會害死人的，根本是庸人自擾，無事找事。愛，是需要信任的。

擦淨心靈

老人病危。迴光返照時，讓兒子拿來一個舊皮箱，從皮箱裡拿出一件黃色的舊呢子大衣，撕開衣角的縫線道，取出一塊錢。六十年前，老人在城裡開書店。一個年輕人來買書，因為櫃檯上只剩下這一本書，而且是絕版了，所以他便向買書人多要了一塊錢。從此，這一塊錢常被老人托在手上，沉重得如同托著一座大山。開了五十多年書店，他只做了這麼一件虧心事，而且只因一塊錢。儘管如此，仍讓他日夜不安，他決心退回這一塊錢。然而，六十年過去了，他無緣了卻這樁心願。

在生命終結之際，他給兒女留下的遺囑是，一定要找到那個買書人，買書人不在了，找到他的後人也行，務必要把這一塊錢退回去，他才能安睡在九泉之下。離開人世時，老人的最後心願是，擦掉心靈上的那一絲灰塵。兒女料理完老人的後事，坐下來研究怎樣實現老人的遺願。他們討論後發現，這竟是無法退回去的一塊錢，因為他沒有留下那個買書人的姓名，這是永遠無法解開的謎。深陷悲痛中的兒女們此時才深刻地悟出老人留下的另一個遺願——讓兒女在世上乾乾淨淨地做人。

人生物語：

淨化靈魂，需要擦淨心靈。要自省、自悟、自責……要一塵不染。保持心靈的純淨，就要乾乾淨淨的做人。

盲人手裡的燈

正在給小學一年級上課的語文老師問了學生這樣一道題：「有一位盲人晚上出門時總拿著一盞燈籠，這是為什麼？」

學生的答案五花八門，有的說：「他是給兒子買的燈籠。」還有的說：「夜裡太冷，他是想取暖吧？」……可能，這些答案都對，但這些年齡不到十歲的孩子都功利地以為盲人提燈一定是為自己，所以，他們的答案不免褊狹。他們沒有一個人回答：「盲人也許是為了給別人照亮。」這樣，別人才不會撞上他——盲人的心中裝著一盞明亮的燈，為別人著想正是他心中的明燈。

很多時候，幫助別人其實是幫助我們自己。為什麼那麼多明眼人在暗夜中往往會相撞？就是因為他們心中沒有明燈，手上也不提明燈啊！

人生物語：

如果人的手裡都有一盞明燈，在黑夜裡就不會相撞；如果心裡有盞明燈，就不會在黑暗中迷失方向。

人生如棋

一日，小王與一老者下棋，殺了幾盤，但屢戰屢敗。於是他向老者求教弈棋之道，老者笑笑說：「年輕人呀，你應當丟掉必勝之心。」

回味老者的話，他頓有所悟。

諾貝爾有句名言：「努力去爭取成功，但不要期望一定成功。」在生活中，失敗多了，才知道有些事確實是很難保證成功的。

雖然從理論上來說，沒有成功是因為你沒有付出努力，但事實上還有很多因素在制約著你。有時候，愈急於成功越難成功，相反，如果放開心胸，大膽去做，有時反而會輕而易舉地實現願望。

人生物語：

人生如弈棋，何必抱定必勝之心？放開心胸，膽大心細，以平常心去對待，反而更有可能實現自己的目標。

誰埋沒了天才

在那一屆全國的生活攝影大賽中，他終於獲得了金牌獎，從千千萬萬攝影愛好者中脫穎而出。他被音樂與掌聲簇擁上台，談獲獎感想。他開口便說：「那不是我最好的作品……」語畢台下嘩然，但他講的是實情。

「半年前家中失火，照片全部燒光，參加評比的那幅，是因相簿放不下，淘汰下來，妻子拿到丈母娘家去，才得以保存的。」

一個金牌獎讓他信心倍增，下一屆大賽前，他精挑又細選，送出自己最得意的作品，卻沒有獲獎。再下一屆，再下下一屆，始終沒有再獲獎。

要是沒有大火的淘汰，要是總按自己的那個「最好」的標準，他也許永遠與金牌獎無緣。努力付出一輩子卻未獲成功的人，會不會是因為他生命中真正精粹的部分被自以為「那不是最好的」，而從未得以展示呢？很多時候，埋沒天才的不是別人，恰是自己。

人生物語：

許多時候，埋沒天才的不是別人，正是自己。自己生命中的精粹被自己忽視、丟棄，反而去追求自己普通的部分，自己還不知道。真是當局者迷啊！

把煩惱拋在身後

曾任英國首相的勞倫・喬治在和朋友散步時，每經過一道門都要隨手把門關上。朋友微笑著告訴他：「您可以不必關門。」

喬治若有所思地說：「哦，是的。我這一生卻始終都在關我後面的門。要知道，當我把門關上，也就將煩惱留到了後面。這樣，我就能輕鬆前行。」

喬治的回答似是答非所問，但細細品味，它卻蘊含了深刻的人生哲理。「隨手關門」，能讓我們擺脫煩惱，走出困境，使我們的人生身處困境而能輕鬆走出來。

和朋友一起出差，在途中朋友不慎將背包弄丟了，錢包和數位相機也都遺失了。更令他心疼的是，他多年來利用業餘時間，花費了許多心血準備參加研討的一些珍貴資料也被弄丟了。你想他能不著急嗎？但是沒一會兒工夫，他卻平靜如水。

看到我們替他急得不知所措的樣子，他反倒是哈哈大笑起來。我們不解其故：真是的，他還笑得出來，好像丟東西的不是他！我們替他「煩」，他倒成了與之無關的局外人。

於是，我便生氣地對他大聲喊道：「你這個傢伙是不是腦子有毛病？釣魚的不急，背簍的卻在那兒一個勁兒地乾著急，這算是哪門子的道理？」

沒想到朋友的回答卻讓我啼笑皆非：「留得青山在，何愁沒柴燒？我不笑你還想叫我哭嗎？難道我一哭，問題就解決了？難道我一哭，遺失的東西就找得回來？」

事後細細地回味，朋友的話的確不無道理。

不是嗎？東西反正也不見了，什麼急啦氣啦怨啦，都是無濟於事的。否則，只能是火上澆油，遺失的東西不僅找不回來，反而還損失了一份好心情，這叫「賠了夫人又折兵」，怎麼也不划算，還不如心平氣和，保持一個良好的心境，也許還能採取一些補救措施，或許還能「亡羊補牢」呢！

人生物語：

煩惱並不可怕。在人生的旅途中，記住「隨手關門」，把煩惱拋在門外，走出迷途，灑脫的前進。

明天的落葉

當他還是一個小男孩的時候，家後面有一大片樹林。起風的時候，林中的樹葉隨風飄落，有時會落入廳堂和灶間。於是，他的父親要他每天上學前將樹葉打掃乾淨。

對他來說，天剛亮就起床掃落葉實在是一件苦差。尤其是秋冬之際，林間的樹葉好像互相約定好似的，總是不停地落下來。每天花大量時間打掃落葉，讓男孩厭倦不已。但農家的孩子，又怎敢無視父親的規定呢？

後來，男孩從別人那裡得到一個好辦法，那就是掃地之前，先將樹使勁搖動，這樣就可以將第二天將落下的樹葉先搖下來。如此一來，豈不省事許多？這個辦法令男孩興奮不已，於是他起了個大早，掃地之前使勁將樹搖了又搖。

搖到一半時男孩已滿頭大汗，這才發現搖樹比掃地更累，尤其要把第二天的葉子搖落，真不是件簡單的事。但男孩畢竟做了一件讓自己得意的事，那一天他非常開心。

第二天，他起得更早。誰知他到林間一看，依然是落葉滿地。男孩傻了眼，可他還不死心，依然抱著樹搖了又搖。但無論男孩怎樣用力，第二天清晨，總會看到滿地的落葉。

有一天，男孩站在滿地落葉中，突然猶如醍醐灌頂般大徹大悟——無論今天怎樣用力，明天的樹葉還是會落下來啊！那一刻男孩心中一片澄明，他終於明瞭，無論未來有怎樣遠大的夢想，活在當下、活在今天才是生命中最實在的態度。

人生物語：

活在當下，活在今天，活在現實。明天的落葉不可能今天掉下來，明天的太陽依舊明天升起。饑來吃飯，睏來睡覺，便是修行。人生也需要實在的態度。

喜歡不一定擁有

在生活中，我們有著許許多多的喜歡。然而，並不是每一種喜歡都能夠變為擁有。這正如你看到一件喜歡的衣服，或許它的價格超出了你的經濟能力，或許你只是喜歡它的某一方面而非全部，又或許它真的是很好，但穿在你身上卻未必合適……

喜歡進而擁有，該是一件無比美妙的事吧！然而，喜歡就一定擁有嗎？

喜歡而不去擁有，有三種含義：

一種是喜歡而不能擁有。喜歡一個人，但由於種種條件的限制而不能擁有。當你確信你的這一判斷時，千萬不要勉強自己去試圖達到擁有的地步。那樣做不但會帶來不能擁有的痛苦，而且會失去喜歡所帶給你的快樂。

再一種是喜歡而不想擁有。喜歡一個人，許多時候會是一種瞬間的感覺，這種感覺往往並不實際，或者你喜歡的僅僅是他（她）的某一方面而非全部。若是這樣，就不要邁向擁有，因為這樣的擁有不是幸福而是負擔。

一種是喜歡而不應擁有。喜歡一個人，你卻不能給予他（她）最需要的東西，例如：你生性是個喜歡漂泊的人，不能給對方長久的穩定感，而穩定感又恰是對方所希望得到的，那麼就不要去擁有這份愛。你應在心靈深處珍藏起你的喜歡，期待著那個能給對方一生一世幸福的人出現，並默默為他們祝福，這是高尚愛的境界。

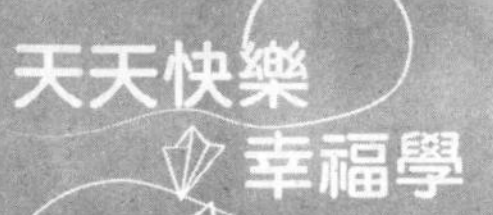

在許多時候，我們選擇喜歡而不擁有。喜歡而不擁有，會讓你收穫體會你「喜歡」的愉悅，而省卻許多煩惱與痛苦，可以昇華你的心靈，也會擁有一份燦爛而明朗的心情。

人生物語：

愛是我們生命的重要部分，愛需要激情，也需要理智。當你面對所喜歡的人，一定要認真捫心自問自己的心靈，是否要把喜歡轉化為擁有。在很多時候，喜歡而不擁有，才是成熟與明智的選擇，才是快樂與幸福的源泉。

例外

愛因斯坦經常拒絕作家的採訪或坐著由畫家為他畫像，但有一次，他改變了態度。

一天，一位畫家請求為他畫像。

愛因斯坦照例回絕道：「不，不，我沒有時間。」

畫家懇切地說，「但是，我非常需要靠這幅畫所得的錢啊！」

愛因斯坦馬上改變了態度，「噢，那就是另外一回事了。我當然可以坐下來讓您畫像。」

人生物語：

偉人總是具有同情心的，所以才偉大。而面對偉人或有求於人時，不妨坦率些，說不定很容易達到目的。

雕塑家的「病」

有一個雕塑家有一天發現自己的面貌越來越醜了。「醜」並非指膚色、五官，而是指神情、神態，怎麼就那樣的「狡詐」、「兇惡」、「古怪」，以至於使面相本身也讓人覺得可惡又可怕。

他遍訪名醫，均無辦法。因為，吃藥也好，整容也好，都無法醫治五官之間的「關係」——無法醫治一個人的愁眉苦臉，無法醫治「滿臉橫肉，凶神惡煞」般的猙獰面目。

一個偶然的機會，他遊歷一座廟宇時，把自己的苦衷向住持說了。住持說，我可以治你的「病」，但不能白治，你必須為我先做一點工——雕塑幾尊神態各異的觀音像。雕塑家接受了這個條件。

在中國千百年的傳統文化中，觀音就是慈祥、善良、聖潔、寬仁、正義的化身，她的面相神情，自然就是群眾心中這些概念的形象化、典型化。

雕塑家在塑造過程中不斷研究、琢磨觀音的德行言表，不斷模擬祂的心態和神情，達到了忘我的程度。他相信自己就是觀音。

半年後，工作完成了，同時，他驚喜地發現自己的相貌已經變得神清氣朗，端正莊嚴。他感謝住持治好了他的病。

「不」，住持說，「是你自己治好的。」

此時，雕塑家已找到了原來「變醜」的病根——過去兩年，他一直在雕塑夜叉！

所謂「相由心生，相隨心滅」。

人生物語：

相由心生。人的心態主宰著人生。能左右人本身的只是他的心態，你認為自己是個什麼樣的人，就會成為什麼樣的人。

生氣不如爭氣

在西藏，有一個叫愛地巴的人，年輕時，每次生氣和人起爭執的時候，就以很快的速度跑回家去，繞著自己的房子跑三圈，然後坐在屋邊喘氣。

愛地巴工作非常勤勞努力，後來他的房子越來越大，土地也越來越廣。但不管房地有多廣大，只要與人爭論而生氣的時候，他就會繞著房子跑三圈。

「愛地巴為什麼每次生氣都繞著房子跑三圈呢？」所有認識他的人，心裡都感到疑惑，但是不管怎麼問他，愛地巴都不願意明說。

直到有一天，愛地巴很老了，他的房子田地也已經很廣大了，他生了氣，拄著枴杖艱難地繞著房子走上三圈。等他好不容易走完三圈，太陽已經下山了，愛地巴獨自坐在屋邊喘氣。

他的外孫在身邊懇求他：「外公！您已經這麼大年紀了，村子裡也沒有其他人的土地比您的更大，您不能再像從前，一生氣就繞著房子跑了。還有，您可不可以告訴我為什麼您一生氣就要繞著房子跑三圈呢？」

看著外孫那可笑的臉蛋，愛地巴終於說出了隱藏在心裡多年的祕密，他說：「年輕的時候，我一和人吵架、爭論、生氣，就繞著房子跑三圈，邊跑邊想自己的房子這麼小，土地這麼少，哪有時間去和人生氣呢？一想到這裡，氣就消了，把所有的

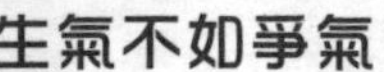

時間都用來努力工作。」

外孫又問道：「外公！您年老了，現在又變成最富有的人，為什麼還要繞著房子跑呢？」

愛地巴笑著說：「但是我現在有時還是會生氣，生氣時就繞著房子跑三圈，邊跑邊想自己的房子這麼大，土地這麼多，又何必和人計較呢？一想到這，氣也消了。」

人生物語：

生氣，無疑是拿別人的過錯來懲罰自己。人生苦短，幸福和快樂尚且享受不盡，哪裡還有時間去生氣呢？

「生氣不如爭氣」何必去計較太多？人生短促，應該努力使自己的智慧、知識、財富增長，不至於落伍，去做得更好。自己加倍成長，變得更加強大，就能讓更多的問題迎刃而解。

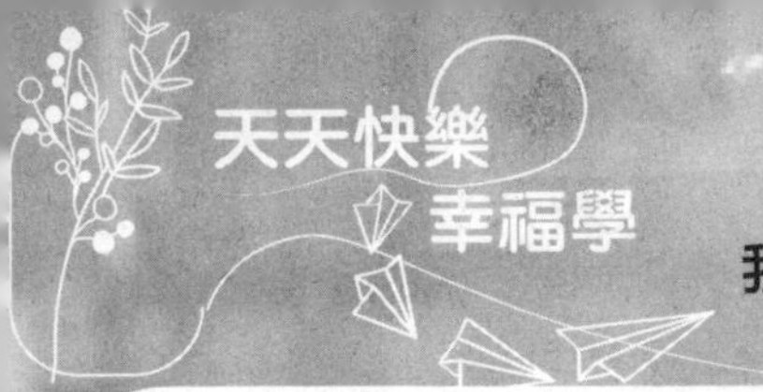

我是誰

有一位女子，出生於一個平凡的家庭，做著一份平凡的工作，嫁了一個平凡的丈夫，有一個平凡的家，總之，她一切都十分平凡。

忽然有一天，報紙大張旗鼓地招聘一名電視演員，演的角色是王妃。她的一位好心朋友替她寄去一張應聘照片，沒想到，這個平凡女子從此開始了她的「王妃」生涯。

這對她而言太艱難了，她閱讀了許多有關王妃的書，她細心揣摩王妃的每一縷心事，她一再重複王妃的一顰一笑、一言一行……

不像，不像，這不像，那也不像！導演、攝影師無比挑剔，一次又一次要她重來……

現在，平常女子已能駕輕就熟地扮演「王妃」了，進入角色已無需費多少時間。糟糕的是，現在她要想回復到那個平凡的自己卻非常困難，有時要整整折騰一個晚上。每天早晨醒來，她必須一再提醒自己「我是誰？」，以防止毫無來由地對人頤指氣使；在與善良的丈夫和活潑的女兒相處時，她必須一再告誡自己「我是誰？」，以避免莫名其妙地對他們喜怒無常。

平凡女子深感痛苦地對人說：「一個享受過優厚待遇和至高尊崇的人，回復平

凡實在是太難了。」

說這話時，她仍然像個「王妃」。

人生物語：

「假作真時真亦假，無作有時有還無。」良宵已過，佳宴已散，曲終人盡還不醒悟，還在夢中，就會找不到自己。卸下粉妝，回歸本來，才是自我。

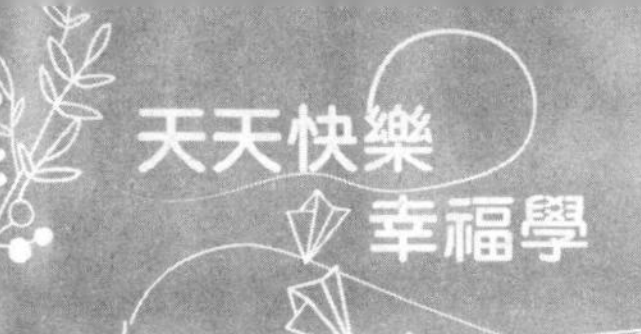

深深一躬

一個別墅區裡，有一位老花匠。老花匠每天種花、澆花、修剪花，日出而作，日落而息。他服務的對象，是這個城市裡最有身分和地位的人。那些人腰纏萬貫，一呼百應，每天開著名貴轎車往來於城市中心和這個別墅群之間。那些人腳步匆匆，左右著城市前進的步伐。老花匠則不急不徐，穿梭在花叢之間，樹枝之下。

他向西裝革履、高貴優雅的先生女士們微笑、點頭，甚至還和他們打招呼，那些人很有禮貌，對他的問候總是報以矜持的微笑。但老花匠明白，自己和人家永遠是兩個世界的人。

他不知道那些人在忙些什麼，想些什麼，自己只是一個從鄉下到城裡來打工的人，沒資格認識他們。自己只要照料好每一株花草樹木，讓美麗的花草愉悅那些匆忙的人，就足夠了。有一天，老花匠突然昏倒在地上。他得了重病，昏迷過去。

社區警衛趕緊通報保全公司的經理。「老花匠病了，需要送醫院，現在他身上沒有錢，請大家伸出援手吧！」社區的廣播裡立即播出了這個消息。一些門打開了，一些急匆匆的腳步停下了，就在等救護車的幾分鐘裡，一張張的鈔票放進了老花匠的工具箱裡。

幾天後，老花匠順利出院了，從南部鄉下趕來的女兒把他扶回社區。那些西裝

革履的先生，見到他，依然親切地對他笑笑，和他擦肩而過。但老花匠感到自己和他們不再有距離。

他找到保全公司經理，找到那天的警衛，要謝謝那些慷慨解囊相助的人。可是，沒有人能提供一份名單。顯然，他也不能挨家挨戶敲開門去詢問。

女兒攙著老人，徘徊在社區的樓群之間。天色漸晚，燈光亮起來了。昏黃的、明亮的，整個社區星星點點的光亮，照在老人的臉上。他在每一棟樓前停下，認真地站好，深深地彎腰，鞠躬！

堅硬的城市，在堅硬的外表下還有這麼多柔軟的地方。他向這永不蛻變的溫暖人心鞠躬致謝！

人生物語：

人間最溫暖的是真情，當它來臨的時候，只留下暖流，帶走了傷痛和隔閡。再堅硬的牆也擋不住真情的柔軟。

向自己問路

黃昏時分，有一個人在森林中迷了路。天色漸漸地暗了，眼看夜幕即將籠罩大地，黑暗的恐懼和危險一步步逼近。

這個人心裡明白：只要一步走錯，就有掉入深坑或陷入泥沼的可能。會有潛伏在樹叢後面飢餓的野獸，正虎視眈眈注意著他的動靜，深深的恐怖正威脅著他，侵襲著他。萬籟俱寂，對他來說是一片死前的寂靜和孤單。

這時，淒黯的夜空中，幾顆微弱的星光，一閃，一閃，似乎帶來了一線光明，卻又不時地消失在黑暗裡，留給人迷茫。但是對汪洋中的溺水者來說，一根空心的稻草都是珍貴的，都認為是救命的法寶，雖然一根稻草是那麼的無濟於事。

突然間，眼前出現一位流浪漢踽踽途中，他不禁歡喜雀躍，上前叫住，探詢出去的路途。這位陌生的流浪漢很友善地答應幫助他。走呀，走！他發現這位陌生人和他一樣的迷途。於是他失望地離開了這位迷途的陌生夥伴，再一次回到自己的路線上來。

不久，他又碰上了第二個陌生的人，那人肯定地說他擁有走出森林精確的地圖，他再跟隨這個新的嚮導，終於發現這是一個自欺欺人的人，他的地圖只不過是他自我欺騙情緒的結果而已。於是他陷入深深的絕望之中，他曾經竭力問他有關走出森

林的知識，但他的眼神後面隱藏著憂慮和不安，他知道：他和他一樣地迷茫。

他漫無目的地走著，一路的驚慌和失誤，使他由彷徨、失落而恐懼。無意間，當他把手插入口袋時，發現了一張正確的地圖。

他若有所悟地笑了：原來它始終就在這裡，只要向自己本身去尋找就行了。從前他太忙，忙著詢問別人，反而忽略了最重要的事——回到自己。

如同這位流浪者，你天生具有一份內在的地圖，指引你離開憂慮和沮喪的黑暗森林。這個故事告訴我們，情緒性的恐懼是多餘的。假如任何人告訴你別的，那他一定沒有找到他自己。

人生物語：

當遇到困難，陷入了困境，不要依賴別人，要相信自己，向自己問路。這往往是成功的前夕，一切即將過去。

學柔道的小男孩

有一個十歲的男孩，在一次車禍中失去了左臂，但他很想學柔道。

最終，小男孩拜一位日本柔道大師做了師父，開始學習柔道。他學得不錯，可已經練了三個月了，師父仍只是教他一招，小男孩有些不理解。

他終於忍不住問師父：「我是不是應該再學學其他招術？」

師父回答說：「沒錯，你的確只會一招，但你只需要會這一招就夠了。」

小男孩還是不很明白，但他很相信師父，於是就繼續照著練了下去。

幾個月後，師父第一次帶小男孩去參加比賽。小男孩自己都沒有想到居然輕輕鬆鬆地贏了前兩輪。第三輪稍稍有點艱難，但對手不久就變得有些急躁了，小男孩連著用那一招，又贏了。就這樣，小男孩迷迷糊糊地進入了決賽。

決賽的對手比小男孩高大、強壯許多，也似乎更有經驗。有一度小男孩顯得有點招架不住，裁判擔心小男孩會受傷，就叫了暫停，打算終止比賽，判對手贏，然而師父不答應，堅持說：「繼續下去！」

比賽重新開始後，對手放鬆了戒備，小男孩立刻使出他的那一招，制服了對手，由此贏了比賽，得了冠軍。

回家的路上，小男孩和師父一起回顧每場比賽的每一個細節：「師父，我怎麼

僅憑這一招就贏得了冠軍？」

師父答道：「有兩個原因：第一，你幾乎完全掌握了柔道中最難的一招；第二，就我所知，對付這一招唯一的辦法是對手必須抓住你的左臂。」

人生物語：

看似小男孩不可能學會柔道和戰勝對手，但是，他的劣勢正是他的優勢，每個人都應該學會把劣勢化為優勢，有時，事情並不是想像的那樣艱難，只要你堅持下去。

等待三天

一位訪美的女作家在紐約街頭遇到一位賣花的老太太。這位老太太的穿著相當破舊，身體看上去也很虛弱，但臉上卻露出祥和高興的神情。女作家挑了一朵花說：「你看起來很高興。」

「為什麼不呢？一切都這麼美好。」

「對於煩惱，你倒真能看得開。」女作家隨口說了一句。

老太太的回答令女作家大吃一驚：「耶穌在星期五被釘上十字架時，是全世界最糟糕的一天，可是三天後就是復活節。所以，當我遇到不幸時，就會等待三天，一切就恢復正常了。」

「等待三天」，多麼平凡而又充滿哲理的一種生活方式，它把煩惱和痛苦拋下，全力去收穫快樂。

人生物語：

再痛苦的事都會過去，把它們拋在身後，全力向前，去迎接快樂。

玻璃門

學校大廳的門被踢破了。可憐的門，自從安裝上那天起，幾乎沒有一天不挨踢。十五、六歲的少年，正是調皮與活力充沛的年齡。用腳開門，用腳關門，早成為他們的普遍行為。學校教職員為此傷透了腦筋，他曾在門上張貼過五花八門的警示語，什麼「足下留情」、「我是門，我也怕痛」，諸如此類。可是，都不管用。

大廳門被踢破的那一天，教職員向校長建議：乾脆換成大鐵門——除非他們裝上鐵腳，那麼就對鐵門沒可奈何了吧！校長笑著說，我已經訂做了最堅固的門。

很快，舊門被拆下來，新門被裝上去。新裝的大門似乎挺有「人緣」，裝上以後居然沒有挨過一次踢。孩子走到門口，總是不由自主地放慢腳步。陽光隨著門扉的開啟與閉合而不停地旋轉。穿越它的時刻，少年的心感到了愛與被愛的欣喜。

這道門怎能不堅固——它捧出一份足金的信任，把一個易碎的夢大膽地交到孩子們手中，讓他們在美麗的憂懼中學會了珍惜與呵護。——這是一道玻璃門。

人生物語：

何不敞開不設防呢？有時，越是堅固的東西越是有人想去破壞，反之，越脆弱的東西越是小心呵護。防不勝防，不如不防。

六尺巷

傳聞清朝宰相張英，一日忽然接到老家書信。拆開一看，方知家人與鄰居發生爭執，起因是隔開兩家院子的牆塌了，重新砌牆時都為多佔些地皮而寸土不讓。家人捎書來請他出面說話，以讓鄰居退縮。

不久，張英給家人回信，信裡卻只有一首打油詩：

千里捎書只為牆，讓他三尺又何妨。
萬里長城今猶在，不見當年秦始皇。

家人乃明白了其中的道理，主動往後退讓三尺，鄰居也自知理虧，也往後退讓三尺，於是中間出現了一條六尺寬的巷子，可供村民行走。村人於是將巷子命名為「六尺巷」。

人生物語：

古往今來，有哪些東西是永傳後世的呢？恐怕只有美德和謙讓的精神。退一步海闊天空，又何必不惜為蠅頭小利而爭得頭破血流呢？

有時候認不得「真」

一次，孔子東遊時，來到一個地方感覺腹中飢餓，就對弟子說：「前面有一家飯館，你去要點飯來止飢。」弟子就去了飯館，說明來意。

那飯館的主人說：「要飯吃可以，不過我有個要求。」

弟子忙道：「什麼要求？」

主人回答：「我寫一字，你若認識，我就請你們師徒吃飯，若不認識便以亂棍打出。」

弟子微微一笑：「主人家，辱我不才，可我也跟師父多年。別說一字，就是一篇文章又有何難？」主人也微微一笑：「先別誇口，認完再說。」說完拿筆寫了一「真」字。

弟子哈哈大笑：「主人家，你也太欺我無能了，我以為是什麼難認之字，此字我五歲就認識。」

主人微笑問：「此為何字？」

弟子說：「是認真的『真』字。」

店主冷笑一聲：「哼，無知之徒竟敢冒充孔老夫子門生，來人呀！亂棍打出。」

弟子回來說了經過。孔老夫子微微一笑：「看來他是要為師前去不可。」說完

來到店前，說明來意。那店主一樣寫下「真」字。

孔老夫子答曰：「此字念『直八』」

那店主笑道：「果真是夫子來到，請！」就這樣吃完喝完不出一分錢就走了。

弟子很奇怪地問：「老師，你不是教我們那字念『真』嗎？什麼時候變『直八』了？」

孔老夫子微微一笑：「有時候是不能認『真』的。」

人生物語：

為人處世，有時不能太過認真，要學會靈活變通。

讚美的效果

李太太聘用了一位保姆，並約定好下星期一正式上班。利用這段時間，她打電話給那位保姆的前任僱主，詢問了一些她的個人情況，結果得到的評語卻是貶多於褒。

保姆到任的那一天，李太太就告訴她說：「劉小姐，幾天前我打電話請教了妳的前任僱主，她說妳為人老實可靠，而且煮得一手好菜，帶孩子也很細心，唯一的缺點就是理家比較外行，老是把屋子弄得髒兮兮的。我想她的話並非完全可信，從妳的穿著可以看出來，妳是個很講究清潔的人，我相信妳有這種習慣，也一定會把家裡整理得井然有序。我們應該是可以相處得賓主皆歡才對。」

事實上她們果然是相處得很愉快，劉小姐認真地把家裡打掃得乾乾淨淨，一塵不染，而且工作非常勤奮，寧可自動加班，也不會任工作擱著不做。李太太看在眼裡，樂在心裡。

人生物語：

讚美是最好的鼓勵和獎賞，它會使人為了維護自己的聲譽，而更加努力。讚美能激發人的自尊和豪情，人們也較喜歡和會讚美的人在一起。

因小失大

從前有一個人，他以染衣服為生。這個人的頭髮已經全都掉光了，只剩一顆光亮的禿頭。

有一天，這個人帶著兒子一起外出，拿上已經染好的衣服，來到河邊，開始洗衣服。他們辛苦工作了一上午，衣服總算洗完了，父子倆就收拾東西準備回家。

時值盛夏，又到了中午，天氣酷熱難當。染衣人幹了很久的活，覺得手也疫，腳也麻，連腰也疼痛起來了，再加上暑熱，身上的衣服早就濕透了。於是，他就和兒子在河邊找了一棵枝葉茂盛的大樹，枕著用來裝衣服的袋子躺在樹蔭下打算休息一會兒再走。

可能是由於太累的緣故，沒多久的時間，就聽到了染衣人的鼾聲了。

夏天正是蚊子肆虐的時候，染衣人睡得正香，一隻蚊子飛了過來，叮在他的禿頭上面，津津有味地吸他的血。

他的兒子是個孝順的年輕人。這會兒看到蚊子叮在父親的頭上，不禁非常生氣。他用手指著蚊子憤怒地罵道：「你這個卑鄙的壞蛋，竟然敢吸我父親的血，你等著，我一定要好好地教訓你一頓！」

他正準備用手去拍打蚊子，但又轉念一想：用手拍實在太輕，不能這麼的便宜

了它，他這樣思考著，就走過去把洗衣服用的木棒拿來，對準父親頭上的蚊子，狠狠地一棒打了過去。

結果蚊子飛走了，他的父親卻被他打死了。

人生物語：

做事要考慮後果，講究方法，不能蠻幹，不多加思考。要「三思而後行」千萬不可因小失大，輕重不分。

金菩薩

很久以前有一個小村莊，村裡的人們都很信佛，就集體湊錢在村東邊的廟裡打造了一尊金菩薩。但是這裡經常有土匪搶劫，村民們整天過著提心吊膽的日子。一次在得知土匪要洗劫整個村莊的消息後，村民們決定集體遷出這是非之地。他們收拾東西，打算逃到別處去，但是金菩薩太重了，沒有人能背得動。

於是他們就想了一個辦法，用厚厚的泥巴塗在金菩薩的外面，把金菩薩包裹了起來，以免被土匪搶走。後來土匪們真的也沒發現泥菩薩裡的祕密。很多年過去了，陸續有人搬到這裡，大家照樣會去那座廟裡上香，但誰都不知道這尊「泥菩薩」的來歷。

幾十年又過去了，廟裡住進了一個小和尚；他在打掃時不小心撞到泥菩薩，泥土掉了下來，露出金燦燦的金身，這時人們才知道，原來廟裡供奉的是一尊金菩薩。

人生物語：

為了生存，為了保護自己，我們常常往身上塗上一層又一層的泥土，以得到安全感，有時到了最後連自己都忘記自己是真金之軀！但泥土終會脫落，做個真實的自我，回歸人群，才會更加的被認同。

山羊和驢子

有個人飼養著山羊和驢子。主人總是給驢子餵食充足的飼料，嫉妒心很重的山羊便對驢子說，你一會兒要推磨，一會兒又要馱沉重的貨物，十分辛苦，不如裝病，摔倒在地上，便可以得到休息。

驢子聽從了山羊的勸告，摔得遍體鱗傷。

主人請來醫生，為牠治療。醫生說要將山羊的心肺熬湯作藥給牠喝，才可以治好。於是，主人馬上殺掉山羊去為驢子治病。

人生物語：

為了讓自己的心理平衡，為了自己的一己之私而出賣陷害他人是可恥的，尤其是出賣身邊最親近的人更不會有好下場。

燉兔子

都海是阿拉伯民間傳說中深受大家喜愛的「聰明的愚者」。有一天，有個喜愛打獵的朋友前來拜訪都海。

「我剛才在森林裡打到了一隻兔子，我把牠送過來給你，你可以做一頓豐盛的晚餐了。」他進門時很驕傲地說道。

都海開心地烹煮這隻兔子，然後他們坐下來享受了一頓美味的大餐。

第二天，有位陌生人來敲都海的門。

「您是誰？」都海問。

「我是昨天帶兔子給你的那位獵人的鄰居。」他說。

都海客氣地邀他進門並為他煮了一頓晚餐。

「這是我們燉兔子的剩菜。」都海說。這位訪客狼吞虎嚥地吃著。

隔天，另一位陌生人來敲都海家的門。

「您是誰？」都海問。

「我是帶兔子給你的那位獵人的鄰居的表弟。」他說。

「請進！」都海說。他讓那人在桌邊坐下，並在他面前放了一碗熱水。

「這是什麼？」陌生人問。

都海說：「這是用烹煮兔子的鍋子煮出來的水，那兔子是我那位獵人朋友，也就是您表哥的鄰居送來的。」

人生物語：

在這個世界上，總是有人千方百計的找關係，哪怕關係很微小，仍是希望從中謀得名利，但其效果卻是微乎其微。其實，關係是靠不住的，而且會越用越淡；人情也要勤於走動，越走才會越密。

占星師

法國國王路易十一酷好占星學。他養了一名宮廷占星師，且對他佩服萬分。有一天，這名占星師預言宮中的一名貴婦會在八天之內死亡。預言果然成真，路易也嚇壞了。他想，要不是占星師謀殺了貴婦以證明他的準確性，就是他太精於此道。他的法力威脅了路易本人，而不管是哪一種情況，這名占星師都得死。

一天晚上路易召見占星師。在占星師到來之前，國王告訴埋伏的士兵們，一旦他給了暗號，就衝出來抓住占星師，把他從窗戶往外丟到數百尺下的地面上摔死。

不久，占星師到了，在下達訊號之前，路易決定問他最後一個問題：「你聲稱瞭解占星術，而且清楚別人的命運，那麼告訴我你的命運如何，你能活多久？」

「我會在陛下駕崩前三天去世。」占星師回答。國王一直沒有下達暗號。占星師的命不但保住了，而且在他有生之年國王不僅全力保護占星師，慷慨地賞賜他，還聘請高明的宮廷醫生來照顧他的健康。最後占星師甚至比路易多活了好幾年。

人生物語：

將自己和別人綁在一起，特別是決定你命運的人。當他越來越依賴你時，無形中你就有了某種權力和自由，這種權利和自由會給你帶來更大的生存空間。

財政大臣的下場

有一個國王生性愛揮霍，生活中充滿著奢華的宴會、漂亮的女人及笙歌宴舞等奢靡情事。一天，他的財政大臣決定策劃一場前所未有、最壯觀的宴會來討國王的歡心。宴會一直延續到深夜，賓主盡歡，人人都認為這是他們參與過的最令人讚歎的盛事。

然而出人意料的是，第二天一早國王便下令逮捕了財政大臣，這名財政大臣被控竊占國家財富。並且，他被指控的罪行全部都得到了國王的認同。最後財政大臣被送上了斷頭台。

人生物語：

當你取悅上級時，千萬不要鋒芒畢露，太過嶄露頭角，否則會令他畏懼、不安，甚至感到威脅。只有讓你的上司看起來比你聰慧，你才能相安無事。

微笑著生活

他是一個普通人，但是，他那對待困難甚至災難的態度是我永遠不能忘記的。論職業，他只是一個普普通通的賣吃的小攤販。

在我們這個住宅樓下面的空地上，不久前開張了一家小吃攤，經營饅頭、煎餅、稀飯等小吃。攤主是一個四十開外的男人，雖然精神顯得十分的疲憊，但是他的臉上始終掛著一種平和而又溫暖的微笑。

因為地段偏僻，小吃攤的生意一度十分冷清，但是他臉上的笑容幾乎沒有一刻消逝過，他依然對著過往的行人微笑著。而我因為新近搬到這裡來住，家中沒有開伙，早餐或者是晚餐幾乎都是在他的小吃攤上將就。時間久了，就與他混熟了。從他口中得知，他妻子前年遭遇車禍，至今仍躺在床上，兒子讀著私立高中，正是大把花錢的時候，不巧的是他去年又失業了。

沒有辦法，他只好張羅起這個小吃攤，以支撐這一個瀕臨崩潰的家庭……最令我感到不可思議的是，在他敘述這些常人不敢想像的不幸時，臉上平和的微笑仍然沒有絲毫的改變。真是奇特，像他這樣的不幸遭遇、這種悲慘的狀況，還有什麼能賦予他微笑的力量？

一天傍晚，我在他的小吃攤上吃完晚餐準備離去時，他叫住了我，笑著對我說：

「師傅，今天我運東西的推車壞了，您能不能幫我搬一點東西回家？」

看著他期待的表情，我爽快地答應了。

剛剛走進他狹小的家，我被半埋於枕頭上的一張笑臉感動了——那是他的妻子，躺在床上側過臉來對他微笑著，正如他示人的微笑——平和而又溫暖。從這張微笑著的臉上，根本找不到一絲半點重殘在身、生活艱辛的人所表露出的煩躁、茫然、厭世的神情。這張臉雖然蒼白、清瘦，但是洋溢著的微笑，就如同花般燦爛、明媚，也使得簡陋的房間溫暖如春。

不久，他們的兒子也放學回來了，小伙子臉上的表情也是充滿笑意，一如他的父母親。也許就是在那一剎那間，我突然明白了，他們為什麼能示人以如花般的微笑，也深深感受到了隱藏在這微笑背後的無可比擬的力量。我想，對待一切困苦的生活，他們都用微笑一一化解了所有的不幸。正是他們微笑的力量，才得以支撐起一個貧困的家庭，這是世界上最彌足珍貴的財富。

人生物語：

生命是現場直播，沒有綵排，在這個舞台上，每個人都是自己生命中的主角，每個人都應該找到自己的曲調，且投入地微笑著去將它唱出來，讓自己聽見，讓生命聽見。

智慧是人生的靠山

從前有一個擁有萬貫家財的大富翁，知道自己得了不治之症，所剩的日子也不多了，因此他打算把遺產交代給自己的獨生子。

此時獨生子正好到外地去做生意，短時間內無法回來，而大富翁又擔心自己的遺產被僕人侵占，於是就立好遺囑以防萬一。

富翁：「僕人哪！我的兒子歸期未定，但我的身子一天一天的惡化，如果有一天，支撐不下去，閉上眼了，但是我兒子還沒回來，你就把這份東西交給我兒子。」

僕人：「這是什麼呀？」

富翁：「你別問，只要交給他就行了。」

果然，大富翁等不及獨生子返鄉，就撒手人寰了，於是僕人就把遺囑轉交給獨生子。

而僕人早在富翁交遺囑給他時，見機不可失，就擅自篡改成對自己有利的內容。等到獨生子回來一看，上面竟然寫著：我所有的財產之中，可以由獨生子任選其中的一項，其餘的則全部送給多年服侍我、陪在我身邊的僕人。

僕人心想自己就要成為大富翁了，得意地問獨生子：「這麼多的財產，你就好好地挑一樣吧！我不會吝嗇的。」

獨生子想一想之後說：「我決定了！」

僕人：「你儘管說吧！」

獨生子大聲地說：「我選的就是你！」

這個聰明的獨生子立刻化險為夷，輕而易舉就從僕人的手中把自己父親的所有財產全都要回來了。

人生物語：

智慧會使事情變得有利於自己，當陷入困境絕處時，謾罵和憤怒是於事無補的，只能用智慧去解開它，才會化險為夷。

守信

這是兩個真實故事。

巴黎公社起義失敗後，一位十六歲的少年要被處死。由一名軍官和一二名槍手執行。

這個少年臨被槍決時，對監刑官說，我母親在附近，她很窮，我這裡有一塊金錶，能不能讓我先把金錶送給她，再回來受死。這位監刑官正好也有一個和少年一樣大的兒子，他答應了少年的請求，心想，一個毛頭孩子，放了就放了吧！望著少年跑走的背影，所有的人都堅信，他肯定一去不復返了。

誰知，一刻鐘後少年回來了，他對軍官說，謝謝你先生，錶送到了，現在可以了，來吧！

整個殺人刑場一片死寂，軍官愣了很久，才緩緩地艱難地抬起手臂，跟著，十二支步槍顫抖地舉起來……

新中國成立前夕，一位大地主的姨太太在逃往台灣前，將一小檀木匣悄悄托女傭保管。女傭說：「你放心，只要我在，木匣就在！」

新中國成立後，女傭成了家，她的丈夫無意中發現了珍藏的小檀木匣，疑心裡面藏著浮財，硬要打開，女傭說：我答應過人家，你要動它，我就上吊。

天災肆虐的那些年，女傭夫婦和兩個女兒也餓得奄奄一息，男人又打起木匣的主意，卻再次的被女傭斬釘截鐵地拒絕。後來女傭患了癌症，沒錢住院；男人商量是不是將木匣打開，或許能發現什麼值錢的東西，來救她一命，可是還是被女傭斷然回絕了。

數十載後，白髮蒼蒼的姨太太回鄉來，鰥居多年的女傭丈夫鄭重地將小檀木匣原封不動地交還了她。木匣終於打開，匣內卻只有一大疊信箋以及幾件不值錢的、姨太太舊時戀人的信物——貝殼手鐲、雨花石、木雕飾物、竹笛……

人生物語：

讀完這兩個故事，特別的感動。少年倒在了刑場，女傭最終也沒能從病床上站起，可在他們身後卻光芒四射地矗立起一尊叫做信用的碑牌，永遠不會被風化，也不會隨塵世的泥沙而流失，它會永遠的留在人們心中。

馴馬

有匹馬烈得要命，別說騎牠，想靠近都不容易。如果誰敢貿然向牠走去，牠不是咬就是踢，叫人不寒而慄。

有一天，烈馬跌入泥潭中，把幾個牧民樂得差點斷了氣。

「淹死才好呢！」他們幸災樂禍。

這時，有個牧馬人走上前去，把烈馬從泥潭中救了出來，然後拴在馬樁上。烈日下，烈馬皮毛上的泥漿漸漸曬乾，但越乾就越難受，且奇癢難忍。牧馬人就用掃帚給烈馬掃，用馬梳給烈馬梳刷。

這時，烈馬感到十分舒適，於是，對牧馬人服服貼貼。牧馬人乘機給烈馬備上了鞍，一躍上馬，在草原上風馳電掣般的奔騰起來，如此這般的多次訓練，烈馬就成為草原上最馴服、最出色的坐騎了。

人生物語：

對待烈馬，要使其馴服，還得給予關懷、愛護。人也一樣，以冷漠對人，不如以情動人。

忠告

這群年輕人都是經過了多次篩選的佼佼者，現在，他們正面臨著最後的考驗——一場定時十分鐘的考試。誰通過了，便可進入這家著名的大公司工作。

試卷共有三十道題目，這完全出乎大家的意料。呵，這麼多題，只有十分鐘的時間，委實太倉促了。許多人一拿到試卷便半秒也不肯耽擱慌忙的搶做，全然不顧監考官「請大家先將試卷瀏覽一遍再答題」的忠告。

試卷在十分鐘後悉數收齊，總經理親自批閱，從中挑出六份試卷。這六份卷面有一共同特點，即一至二十八題全都未做，僅回答了最後兩個問題。而其他試卷上的答題情況則好得多，做了前面不少題目，最多的做了十二題。

公司錄用的竟然是那六個僅答了最後兩道題的年輕人——原來祕密就藏在第二十八題中，它的內容是：前面各題均無須回答，只要求做好最後兩題。

人生物語：

這次考試，其實答案就在試卷背後。一個人除了學問之外，還需具備有沉著、冷靜、機智、靈活、仔細等重要素質。

鱷魚蛋破了

鱷魚餓得不可忍受，想到河裡捉魚，於是牠想找個朋友來幫忙照料牠下的蛋。牠剛爬出洞口，就遇見了一隻貓：「鱷魚太太，妳要去哪裡？」

鱷魚回答道：「我實在太餓了，要去捉魚吃，想找個朋友幫我照料蛋。」

「我可以幫助你。」

「能不能讓我聽聽你的歌聲？」鱷魚說。

「喵——」貓扯著嗓子，叫了一聲。聽著這刺耳的叫聲，鱷魚婉言謝絕了貓的好意。鱷魚繼續往前爬，忽然碰見一隻鹿。

「你在找什麼？」鹿問道。

「我想找個夥伴幫我照顧蛋，我要去捉魚。」

「請讓我試試。」鹿請求道。

「你會唱歌嗎？」鱷魚問道。

「嘔——依！嘿——哦！」鹿發出優美渾厚的聲音。

鱷魚很喜歡聽鹿的聲音，就熱情地邀請鹿到牠家裡去。

鹿跟著鱷魚到了洞裡，鱷魚把蛋指給鹿看。

「我會好好替你細心照料的，妳放心去捉魚吧！」

鱷魚離開家往河邊爬去，一到河裡就開始抓魚，一會兒工夫，籃子裡便裝滿了魚。鹿細心地看管著鱷魚的蛋。忽然一隻鳥在枝頭唱歌，鹿在鳥兒的歌聲伴隨下，歡樂地跳起舞來。

「啪啦！」鹿的腳踩破了鱷魚的蛋。牠驚慌失措，一急之下就坐在了蛋上面。

鱷魚回到家門口，大聲呼喚鹿，就是不見應聲。牠爬進洞一看，發現鹿坐在蛋上，牠請求鹿起身，但鹿死也不肯起來。鱷魚大為惱怒，把鹿強行推開，這才發現原來蛋被踩破了。鱷魚大動肝火，怒氣沖沖地說：「你幹了什麼好事呢？」

「我對不起妳，鱷魚太太。實際上這也不是我的過失，我之所以跳舞是因為剛才小鳥在唱歌。」鹿非常內疚地解釋道。

鱷魚跑去責問小鳥，小鳥不慌不忙地解釋道：「是的，鱷魚太太，我唱歌是因為看見猴子在樹上盪鞦韆啊！」

鱷魚又跑去責問猴子。猴子解釋道：「我，我沒蕩鞦韆！我是膽戰心驚地從樹上滑下來的，因為我剛才看見一條非常可怕的鱷魚從河裡爬出來。」

「天啊！那就是我呀！」鱷魚氣呼呼地說。

人生物語：

做事情要找對方法，要有目標，不能漫無目的。方法不當，只會背道而馳。

父親的教誨

有一個鐵匠的兒子是個懶惰蟲，整日游手好閒。鐵匠賣力工作的年頭裡，家中生活還過得去，可是他年邁力衰了以後，生活就慢慢顯現出無法支撐的窘態來。

一次，鐵匠對他的老伴說：「我們真倒霉，養了這麼個不懂事的兒子。要是他再不學著外出工作，我們的家產就等著讓他坐吃山空，他自己也遲早會餓死。我和你已漸漸年老體弱，應當讓他賺錢餬口了。從今天起就得開始教育他。」

老伴愁緒滿腹，她深知兒子連一毛錢也賺不到。她對兒子又溺愛，就給了他一個硬幣，說道：「出去找個地方過一天，晚上再回家，把這錢交給你爹，就說是你自己掙來的。」兒子按母親的意思辦了。父親接過他的錢，在手中揮動了幾下；又用鼻子聞了聞，就扔進了壁爐裡，開口說道：「這不是你親手賺的錢。」

次日，母親又給了兒子一個硬幣，囑咐道：「快出去，一整天都別回來，多跑跑逛逛，晚上回來就疲倦了。這樣你爹就會信以為真，認為錢確實是你賺來的。」

兒子又遵囑行事，晚間回來把錢遞給了父親，父親接過來，又揮動了幾下，接著扔進了壁爐裡。父親說：「你又在騙我了，這錢絕不是你親手賺的。」

老母親明白了，溺愛兒子是無濟於事的。老爹扔錢時，孩子臉上的肌肉紋絲不動，因為他不知道賺錢是多麼艱難。於是，她對兒子說道：「你爹是騙不了的，你

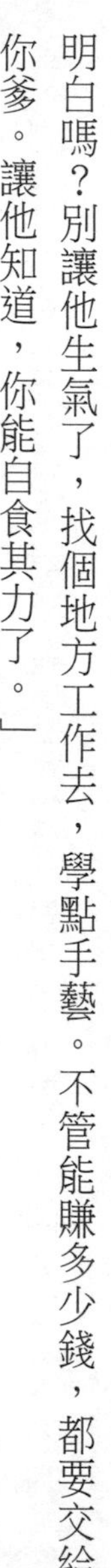

明白嗎？別讓他生氣了，找個地方工作去，學點手藝。不管能賺多少錢，都要交給你爹。讓他知道，你能自食其力了。」

事情就這樣開始有了轉機。兒子走了一星期，不知去向。他幫人做家務，又幫人下田耕作。一會兒向這個師傅學手藝，一會兒又向另一個師傅學技術。就這樣賺了一些錢，帶回家來交給了父親。

老父親把錢從一隻手倒向另一隻手，聞了聞，就又把錢扔進了壁爐，一邊還說：「我不相信這些錢是你賺的。」

兒子感到十分委屈，於是一頭撲向壁爐，從灼熱的爐火中，一個一個地把那些錢幣掏了出來，並大聲嚷道：「你幹什麼！為了賺這些錢，我從早到晚做了一星期的工作，可是你拿它們不當回事，就扔進了爐子裡。」

父親看了看兒子，笑了：「現在我真的相信了，這才是你自己賺的錢，你也懂得這錢真的是得來不易。別人給你的錢，你是不懂珍惜的，可為了自己賺的錢，就一頭鑽進火裡去，我再也不會為你的生存問題感到擔心了。」

人生物語：

紙上得來終覺淺。凡事體驗過，才知道珍惜，經歷過艱辛，才知每一分錢都不容易，人生的酸、甜、苦、辣都是如此。

神祕禮物

退休後的老教授決定再做些事，於是他決定巡迴拜訪偏遠山區的學校，與當地老師分享並傳授自己的教學經驗。由於老教授的愛心及和藹可親，使得他到處受到老師及學生的歡迎。

有一次，當他結束在山區某學校的拜訪行程，而欲趕赴他處時，許多學生依依不捨，老教授也不免為之所動，當下答應學生，下次再來時，只要誰能將自己的課桌椅收拾整潔，老教授將送給他一件神祕禮物。

在老教授離去後，每到星期三早上，所有學生一定將自己的桌面收拾乾淨，因為星期三是每個月教授例行會前來拜訪的日子，只是不確定教授會在哪一個星期三來到。

其中有一個學生的想法和其他同學不一樣，他一心想得到教授的禮物留作紀念，生怕教授會臨時在星期三以外的日子突然帶著神祕禮物來到，於是他每天早上，都將自己的桌椅收拾整齊。

但往往上午收拾妥當的桌面，到了下午又是一片凌亂，這個學生又擔心教授會在下午來到，於是在下午又收拾了一次。想想又覺不安，如果教授在一個小時後出現在教室，仍會看到他的桌面凌亂不堪，便決定每個小時收拾一次。

到最後，他想到，若是教授隨時會到來，仍有可能看到他的桌面不整潔，終於小學生想清楚了，他必須時刻保持自己桌面的整潔，隨時歡迎教授的光臨。

小學生或許沒有得到老教授的神祕禮物，但他卻收到了另一份禮物——內心的清靜和整潔。

人生物語：

最好的禮物是自己送給自己的，那就是內心的整潔和清靜。如果不斷地提高修養，勤奮工作，那麼每個人都會收到它。

不要懷疑自己

名作家杏林子有本《現代寓言》，裡面有個故事很好。

話說有一隻兔子長了三隻耳朵，因而在同伴中備受嘲諷戲弄，大家都說牠是怪物，不肯跟牠玩。為此，三耳兔很悲傷，時常暗自哭泣。

有一天，牠終於做了決定要把那一隻多出來的耳朵忍痛割掉，於是牠就和大家一模一樣，也不再遭受排擠，牠感到快樂極了。

時隔不久，牠因為遊玩而進了另一片森林。

天啊！那邊的兔子竟然全部都是三隻耳朵，跟牠以前一樣！

但由於牠已少了一隻耳朵，所以，這座森林裡的兔子們也嫌棄牠，不理牠，牠只好快快地離開了。從此，牠領悟到一個真理：只要和別人不一樣的，就是錯的！

人生物語：

這個寓言提醒了人們，現代人的自信就如同這隻兔子一樣，相當薄弱，對很多事也有太多擔心，因此經常處於不快樂當中。事實上，這皆起因於自我認知的不足。

人生免不了聽到別人的評價，也免不了在這些評價中迷失自己，不知道自己定位在哪裡，我們應當堅信自己存在的價值，不要讓別人的評價左右了自己。

黑子

黑子是一隻出色的軍犬，每次行動都能很好地完成任務。每逢有偵察小偷的任務，牠都躍躍欲試，精神飽滿，使做賊者先心虛起來。隨著訓導員的一聲號令，黑子很快就用嘴把丟失的東西從隱祕處叼了出來，接著又向站著的人群跑去，沒費多少工夫，就叼住了那個小偷。

黑子興奮地跑向訓導員，等待著嘉獎。但訓導員卻使勁搖著頭對黑子說：「不，不是他！再去找！」黑子大為詫異，眼睛裡露出迷惑的神情。基於對訓導員的絕對信賴，又使牠轉回頭重新開始了更為謹慎的辨認。

專業告訴黑子，是牠沒錯！於是重新又把那個小偷叼了出來。可是訓導員卻不容置疑：「不對！再去找！」

黑子遲疑地盯著訓導員，轉回身去花更長時間去嗅辨。最後，他還是站在了小偷的身邊，向訓導員堅定地望去：就是他！不會是別人！「不！絕對不是！」訓導員大聲吼著，表情也嚴峻起來。

黑子的自信心被擊潰了，他相信訓導員遠超過相信自己。牠放棄那個小偷，去找別人。可是不對啊！氣味騙不了黑子。牠焦急地踱著步，在每個人的腳邊都停一會兒，忽兒急促地嗅辨，忽兒轉回頭去窺測訓導員的眼神……最後，當牠捕捉到訓

導員眼色在一剎那間微小的變化時，牠把身邊的那個人叼了出來。當然，這是錯的。

訓導員與那些人一起哈哈大笑起來。黑子糊塗了，愣在當場。之後，訓導員告訴黑子：「你本來是對的，但錯就錯在你沒有堅持下去。」

當黑子明白了這是一場騙局之後，牠極度痛苦地「嗷」了一聲，幾大滴熱淚流了出來。牠的世界頓時失去了光彩。一個沒有準則、沒有對錯的荒唐世界，把牠所有的信念擊得粉碎。牠沉沉地垂下頭，一步步地走開了。訓導員的呼喚，像是另外一個世界的聲音，黑子無動於衷，直往外走。

訓導員慌了，他撲上去，緊緊地摟抱住黑子，口中呼喊著黑子的名字，懊悔不已。黑子使勁掙脫了摟抱，一步步地走到了營外，找了個背風的地方趴下。

此後幾天，黑子不吃不喝，任訓導員怎麼哄，也始終打不起精神。牠不再信賴訓導員，也不再信賴任何人，不再目光如電，不再奔如疾風，不再虎視眈眈，……那些雄赳赳的同類，引發的只是牠的憐憫。牠好像已經看穿了那意義後面的無意義。黑子只能永遠退出警犬的行列。

人生物語：

工作方法不對，一而再，再而三的戲弄，使人失去信任，就再也無法彌補了，千萬不要任意的去傷害別人對你的信任和熱情。

旅伴

有一次，冒險家傑夫和一個旅伴穿越高高的阿爾卑斯山的某個山峰，他們看到一個躺在雪地上的人。傑夫想停下來幫助那個人，但他的同伴說：「如果我們帶上他這個累贅，我們就會丟掉自己的命。」但傑夫不能想像丟下這個人，讓他死在冰天雪地之中的情景，於是他決定帶這個人一起走。

當他的旅伴跟他告別時，傑夫把那個人扶起來，背在自己背上。他使盡力氣背著這個人往前走。漸漸地，傑夫的體溫使這個凍僵的身軀溫暖起來，那人活過來了。過了不久，那個人恢復了行動能力，於是兩個人並肩前進。當他們趕上那個旅伴時，卻發現他死了——是凍死的。原來，傑夫背著人走路加大了運動量，保持了自身的體溫，和那個人一起抵禦了寒冷。傑夫救了那個倒在雪地中的人，結果他們互相取暖都保住了生命，而那個旅伴卻由於自私而無法與人共同抵禦寒冷，失去了生命。人生的旅途上，溫暖別人的同時，常常也會溫暖自己。

人生物語：

相扶而行，比單獨行動要好，患難與共比單打獨鬥要好，在你放棄和人共苦的時候，甘甜也不會光臨的。

創造奇蹟

一個星期前，女兒卡羅琳打電話過來，說山頂上有人種了水仙，執意要我去看看。此刻我在途中，勉勉強強地趕著那兩個小時的路程。

通往山頂的路上不但刮著風，而且還被霧封鎖著，我小心翼翼，慢慢地將車開到了卡羅琳的家裡。

「我一步也不想走了。」我強調，「我留在這裡吃飯，但等霧散開了以後，馬上打道回府。」

「可是我需要你的幫忙，將我載到車庫裡，讓我把車開出來好嗎？」卡羅琳說。

「離這裡有多遠？」我謹慎地問。

「三分鐘左右。」她回答我，「我來開車吧！我已經習慣了。」

時間已經過了十分鐘了，我焦急地望著她：「你剛才不是說三分鐘就可以到的嗎？」

她咧嘴笑了：「我們繞了點彎路。」

我們已經來到了山頂上，頂著像厚厚面紗似的濃霧。值得這麼做嗎？我想。

到達一座小小的石築的教堂後，我們穿過它旁邊的一個小停車場，沿著一條小路繼續行進，霧氣散去了一些，透出灰白而帶著濕氣的陽光。

這是一條鋪滿了厚厚的老松針的小路。茂密的常青樹罩在我們上空，右邊是一片很陡的斜坡。漸漸地，這地方的平和寧靜撫慰了我的情緒。突然，在轉過一個彎後，我驚訝得喘不過氣來。

就在我的眼前，就在這座山頂上，就在這一片溝壑和樹林灌木間，有好幾英畝的水仙花。各色各樣的黃花怒放著，從象牙般的淺黃到檸檬般的深黃，漫山遍野地鋪蓋著，像一塊美麗的地毯，一塊燃燒著的地毯。

是不是太陽傾倒了？如小溪般將金子漏在山坡上？在這令人迷醉的黃色的正中間，是一片紫色的風信子，如瀑布般傾瀉其中。一條小徑穿越花海，小徑兩旁是成排的珊瑚色的鬱金香。彷彿這一切還不夠美麗似的，倏忽有一兩隻藍鳥掠過花叢，或在花叢間嬉戲，它們火紅色的胸脯和寶藍色的翅膀，就像閃動著的寶石。

一大堆的疑問湧上我的腦海：是誰創造了這麼美麗的景色和這樣一座完美的花園？為什麼？為什麼在這樣的地方？在這個荒無人煙的地帶？這座花園是怎麼建成的？走進花園的中心，有一棟小屋，我們看見了一行字：

我知道您要什麼，這裡是給您的回答。

第一個回答是：一位婦女——兩隻手，兩隻腳和一點點想法。

第二個回答是：一點點時間。

第三個回答：開始於一九五八年。

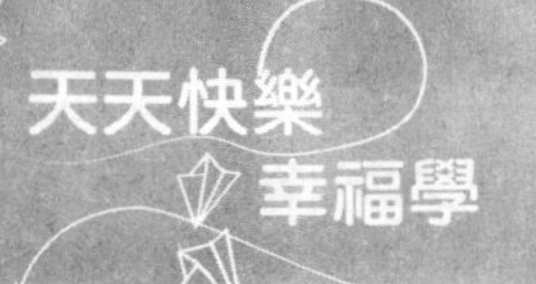

回家的途中，我沉默不語。我震撼於剛剛所見的一切，幾乎無法說話。「她改變了世界。」最後，我說道，「她幾乎在四十年前就開始了，這些年裡每天只做一點點。因為她每天都一點點一點點的不停的努力，這個世界便永遠地變美麗了。想像一下，如果我以前早有一個理想，早就開始努力，只需要在過去每年的每一天裡做一點點，那我現在可以達到怎樣的一個目標呢？」

卡羅琳在我身旁看著，笑了：「明天就開始吧！當然，今天開始是最好不過的。」

人生物語：

每天用一點點時間，堅持自己的一個小小的目標，就會離大目標越來越近，久而久之，還會超越原來的大目標。

皇上的補丁

清朝道光皇帝崇尚節儉。有一次，他褲子的膝蓋處破了，他不願做新的，光補一邊又不好看，於是就在褲腿上各補了兩個月亮型的補丁。在內務府的報銷奏單上，這兩個補丁共花了白銀五十兩。

上行下效，皇帝如此，臣子們也爭做節儉狀。一次，時任大學士的蘇州狀元潘世恩上朝時也穿了條有兩個月亮型補丁的褲子。道光皇帝看見了很高興，就問他這兩個補丁花了多少錢。

潘大學士自然是個聰明人，明白這一問不能隨便回答，說少了就會得罪內務府的人，為自己種下禍根。於是鼓足了勇氣誇大的說：花了二十兩銀子。

道光一聽，又驚又怒：為什麼這麼便宜，我這兩個補丁花了五十兩，原來這幫奴才全都在騙我。

人生物語：

成天坐在豪屋華堂中，自然不知世外民生。尤其是當領導的人，更容易成為被蒙蔽的人，不可不察，不可不警惕。

不該遺忘的人

有位客人去探訪一家主人，看見他家灶上砌了一個很直的煙囪，靠近煙囪的地方還堆積著很多柴草。

客人便對主人說：「你應該把煙囪改建成彎曲的，柴草要搬遠一點，不然的話，將會引起火災。」

主人聽了不以為然，默不作聲。

過不多久，他家果然失火了，鄉里鄰居紛紛跑來救火，幸而把火撲滅了。

事後，他宰羊擺酒，答謝幫忙的鄰居，凡是那些被燒得焦頭爛額的人都請人上席坐，其他救火的人也都按功勞大小排定座次，但那個勸他把煙囪改成彎曲的客人，卻沒有被請來。假若主人聽從那人的勸告，就用不著破費宰羊擺酒宴的錢財，也根本不會發生這場火災了。

人生物語：

出力者當然要酬謝，但出主意的人卻被遺忘了；本來完全是可以防患於未然的事，卻發生了，這些都不應該。不聽勸告，下次依然會再犯同樣錯誤的。

尋求智慧的國王

有個年輕的國王登基，為了治理好自己的王國，他決心學習天下的智慧。為此他徵召國內的智者，命令他們把所有的智慧書搜尋來，供他閱讀學習。

五年過去了，智者們辛苦地趕回來了，身後的駱駝隊背著五千本智慧寶典。國王一看頭都大了，這麼多書怎麼看？就命令智者們去精簡濃縮。

五年過去了，智者們求見，身後的駱駝隊背回來五百本書，國王仍嫌太多。

又過了五年的時間，智者們帶回來五十本巨著。這時的國王已被各種問題搞得更加心煩意亂，等待得也更不耐煩，還是覺得多。

又過了幾年的時間，當智者們把辛辛苦苦濃縮成的一本書進獻到國王面前時，他早已沒興趣看這本書了，也沒時間去實踐這些智慧了。國內問題叢生，國外敵人不斷入侵，自己也百病纏身，任何智慧可能都解決不了他的問題了。

人生物語：

只要去做，事情就會不多，而且就會有收穫。只是等待，就會什麼也做不成。好的主意、智慧都來自於實踐，管理也同樣是如此。

經驗

有一年，一個登山隊要攀登一座雪峰，想把足跡留在峰頂上。食品藥品及其他登山器材都備齊了，有一位專家提醒說，別忘了多帶幾根鋼針，因為在高寒的雪山上面，燃氣爐的噴嘴極易堵塞，需要用鋼針疏通。

負責這事的老登山隊員並沒有聽從專家的忠告，只帶了一根鋼針，因為憑經驗，他認為有一根鋼針已經足夠了。遺憾的是，這支登山隊最終沒能把腳印留在山頂上，一個隊員也沒有回來。問題就出在鋼針上，那根鋼針在使用時，不慎崩斷了，由於僅僅帶了一根鋼針，燃氣爐無法使用，隊員們斷了飲食，最後全部陷入了絕境。

對人生而言，經驗確實是一筆財富。但是，篤信自己的經驗，對他人的勸告不加選擇一概拒絕，完全憑經驗辦事，有時非但不能成功，反而會把事情辦得更糟，甚至造成無法挽回的後果。在許多事情上，我們失敗的原因通常有兩種：一種是因為經驗不足，另一種則是因為經驗過多。

擁有經驗而又懂得如何利用經驗的人，才是真正的智者。

人生物語：

經驗沒有錯，錯就錯在太相信經驗而不聽忠告！吸收借鑑他人的經驗，事業、生活才會順利。

唐家寺的雨傘

民國初，一個商人在外多年苦心經營，終於存下了大筆財富，準備告老還鄉，結束半生的漂泊，回家與妻兒團聚，置田購房，安度晚年。

當時時局動盪，路上常有劫匪，商人一身灰布衣衫，一雙布底鞋，裝扮成一個風餐露宿的行路人。商人把所有的錢都買了玉器，有道是黃金有價玉無價，商人請人特製了一把竹柄油紙傘，將粗大的竹柄關節全部打通，把珠寶玉器全部放入，身藏萬貫家財，卻貌似貧寒之士，輕輕鬆鬆地上路了。

果然是好計謀！行路多日，無人打擾，這天中午就到了唐家寺，這天下著小雨，他來到了一個小麵館，要了一碗麵，麵香噴噴的，吃飽之後，倦意湧了上來，外面又下著小雨，他不覺雙手撐腮，打了一個盹。

一陣清涼的風吹醒了商人，天已黑了，揉揉眼，猛然發現油紙傘已不見蹤跡，一陣冷汗冒了出來——這把傘可是他的身家性命。

但商人沉著冷靜，他聲色不露，仔細分析，他手裡的小包袱完好無損，並沒有人專門行竊，一定是有人只顧自己方便，順手牽羊取走了自己的雨傘。

沉吟片刻，商人有了主意。他叫來掌櫃的，說自己看中了這個小鎮，請幫忙租個房子。商人說，自己身無他技，只會修傘而已，想在交通要道上租個小房子。

他待人和氣，心靈手巧，很有人緣，人們都願意把傘給他修理。誰也不知道這個小小的修傘人其實是腰纏萬貫的富商，誰也不知道他每天謙和的笑臉掩藏著一顆緊張焦灼的心。他每天每時每刻都在等待那把油紙雨傘的出現，經過他的手的傘成千成萬，卻唯獨沒有他等待的那一把。

一天他接了一把破舊的傘，主人漫不經心地說：「太費事就算了，不然一把破傘值不了幾個錢，反倒要花不少錢去修。」言者無意，聽者有心，自己的那把破傘恐怕已破的不能再修了，商人又想了一個好辦法。第二天，過往的行人看到一條新鮮的廣告：油紙雨傘以舊換新。人們紛紛詢問，得到肯定的答覆後，消息立時傳開了，不久，來了一個中年人，腋下夾著一把油紙傘，恰是商人心繫魂索的那把傘。

商人仍不動聲色地收下破雨傘，犀利的眼光一掃，就查到傘柄封處完好無缺。他轉身在店裡挑了一把最好的雨傘，徐徐關了店門。

他打開傘柄，商人看到了他的全部玉器，他癱坐在地上，半日無語。

第二天，很晚都沒開門。一問，已是人去屋空，他悄悄地來，悄悄地走了。再以後，這個故事流傳開來，當地人終於恍然大悟，讚歎著商人的沉著、冷靜、睿智和大氣。

人生物語：

成功者必須在面對問題時冷靜沉著，智者的堅定不過是將焦慮深藏於心的藝術。

捨得

藥材商人來到村子，向村民收購靈芝，出價十分高。但此時正值天寒地凍，上山採藥十分危險，許多村民不敢輕易上山。

有父子三人決定冒一次險，因為商販出的價格實在太誘人了。他們登上了高山，並且到了山川地帶，卻一無所獲。準備回來的時候，山上起了暴風雪，氣溫驟降，年事已高的父親被嚴重凍傷，無法行走。

他倒在雪山上，明白自己無論如何再也走不到山下了。便果斷地對兒子說：「我不行了，你們快把我的衣服脫下來穿上，設法下山。」

兩個兒子堅持要背父親下山。父親不斷斥責他們這種自殺行為，卻無法阻止他們。他們背著父親走了一小段路，就迷失了方向，父親也昏過去了。

大兒子脫下身上的大衣蓋在父親的身上，試圖救回來，許久，父親仍沒有一絲氣息。

大兒子凍傷了，他對弟弟說：「看來我要在這裡陪父親了，你把我的衣服穿上，設法下山去。」

弟弟悲痛萬分，父親的身體己僵硬，哥哥還有一絲餘熱，他脫下大衣，蓋在哥哥身上，企圖救活他。

第二天，暴風雨過去了，父子三人倒在一起，村裡的人們把他們抬下來，邊走邊流淚。

有人卻惋惜地說：「應該有兩人可以活下來，但他們錯過了。」

人生物語：

「捨得」這個詞有時會很沉重，既然知道風險還仍然堅持去，是「捨」，希望找到靈芝是「得」。結果，賠上三條人命。看來，捨得也要掂量。

胡蘿蔔、雞蛋和咖啡

一壺沸水，依次放上胡蘿蔔，幾分鐘後，胡蘿蔔變得軟軟的；再放上雞蛋，雞蛋煮硬了；最後在水中放入咖啡，整壺水變成了香濃的咖啡飲料。

三樣東西都面臨著同樣的困難——沸騰的水。

在一樣的逆境面前，它們的反應是不同的，有的變軟而有的卻堅硬起來，而有的更是使沸水發生了改變，使困境變為順境。

當艱難困苦來敲你的門時，你將做何反應？你會是胡蘿蔔、雞蛋還是咖啡？

人生物語：

面對困境時要勇往向前，軟弱只有喪失，變硬則會堅強，融入則會和環境一體，變得有味道，有底蘊。你選擇哪一種呢？

永遠都要坐前排

二十世紀三〇年代，英國一個不出名的小鎮裡，有一個叫瑪格麗特的小姑娘，自小就受到嚴格的家庭教育。父親經常向她灌輸這樣的觀點：無論做什麼事情都要力爭一流，永遠做在別人前頭，而不能落後於人。「即使是坐公共汽車，你也要永遠坐在前排」。父親從來不允許她說「我不能」或者「太難了」之類的話。

對年幼的孩子來說，他的要求可能太高了，但他的教育在以後的年代裡被證明是非常寶貴的。正是因為從小就受到父親的「殘酷」教育，才培養了瑪格麗特積極向上的決心和信心。在以後的學習、生活或工作中，她時時牢記父親的教導，總是抱著一往無前的精神和必勝的信念，盡自己最大的努力克服一切困難，做好每一件事情，事事必爭一流，以自己的行動實踐著「永遠坐在前排」。

瑪格麗特上大學時，學校要求學五年的拉丁文課程。她憑著自己頑強的毅力和拚搏的精神，硬是在一年內全部學完了。令人難以置信的是，她的考試成績竟然還名列前茅。

其實，瑪格麗特不光是學業上出類拔萃，她在體育、音樂、演講及學校的其他活動方面也都一直名列前茅，是學生中鳳毛麟角的佼佼者之一。當年她所在學校的校長評價她說：「她無疑是我們建校以來最優秀的學生，她總是有著用不完的雄心

壯志，每件事情都做得很出色。」

正因為如此，四十多年以後，英國乃至整個歐洲政壇上終於出現了一顆耀眼的明星，她就是連續四年當選保守黨領袖，並於一九七九年成為英國第一位女首相，雄踞政壇長達十一年之久，被世界政壇譽為「鐵娘子」的瑪格麗特・柴契爾夫人。

「永遠都要坐前排」是一種積極的人生態度，激發你一往無前的勇氣和爭創一流的精神。在這個世界上，想坐前排的人不少，真正能夠坐在「前排」的卻總是不多。許多人之所以不能坐到「前排」，就是因為他們把「坐在前排」僅僅當成了一種人生理想，而沒有採取具體行動。那些最終坐到「前排」的人，之所以成功，是因為他們不但有理想，更重要的是他們把理想變成了行動。一位哲人說過：無論做什麼事情，你的態度決定你的高度。柴契爾夫人的父親對孩子的教育給了我們深刻的啟示。

人生物語：

「永遠坐在前排」，是一種無畏、自信、進取、不斷的挑戰和豪邁。當你不斷的實現它時，你會獲得無窮的力量，人本身具有無限的潛能，去挖掘你的潛能，你的能量就會越用越多。

蜈蚣買汽水

有一群蟲子聚集在草堆裡一起聚餐聯誼，牠們一邊興奮地聊著天，一邊開心地吃著可口美味的食物。不多久，牠們就把準備好的汽水喝了個精光。

在沒有汽水的情況下，大家口渴難耐，所以就商量要指派一個代表跑腿幫大家買汽水，而賣汽水的地方又離這裡有一段很長的路程，小蟲們認為要解決口乾舌燥的急事，一定要找到一位跑得特別快的代表，才能勝任這樣的任務。

大伙你一言我一語，環顧四周，挑來選去，最後一致推選蜈蚣代為跑腿，因為牠們認為蜈蚣的腳特別多，跑起路來，一定像旋風般的快。

蜈蚣在盛情難卻的情況下，起身出發為大家買汽水，小蟲們放心地繼續嬉鬧歡笑，一時忘記了口渴。過了好久，大家東張西望，焦急地想蜈蚣怎麼還沒回來。情急之下，螳螂自告奮勇跑去瞭解究竟發生了什麼事。牠一推開門，才發現蜈蚣還蹲在門口辛苦地穿著鞋子呢！

人生物語：

選用人才，要人盡其才。選得恰當，知人善用，才不會導致資源的虛耗。魯班出征，關羽伐木，只能是心機白費，一無所獲。

青蛙的悔恨

夏天來臨的時候，蝌蚪的尾巴逐漸消失，變成了青蛙。青蛙向癩蛤蟆請教在天上飛的辦法。癩蛤蟆說：「你要想再天上飛，辦法只有一個：巴結天上的仙鳥——天鵝或者鳳凰，讓牠們助你一臂之力。」

青蛙牢牢記住這句話，只是苦於一直沒有機會。

這天，青蛙突然發現一隻天鵝落到池塘邊，牠真是喜出望外，連忙提上早已準備好的小蝦小魚，上前搭話。

「這些禮品，微不足道，還望……」青蛙像臣民見了皇上，不敢正視尊顏，說話也卑微起來。

天鵝深受感動：「難得你有這片誠心，打從我受傷以來，你還是第一個來看我的呢！」

「受傷？」青蛙抬眼看去，這才發現天鵝的一隻翅膀鮮血淋漓。看樣子，再想飛起來只是妄想了。

「哼！」牠馬上變了臉色，「看望你？孝敬你？我圖個啥喲！」

說完，牠帶上小魚蝦，三蹦兩跳的不見了。

青蛙回去後，越想越窩囊。第二天一早，牠又來到天鵝跟前，打算去奚落牠幾

句，以洩心頭之氣。哪料還未開口，只見天鵝展開翅膀，凌空飛去了。青蛙後悔莫及，不住地埋怨自己：「我真糊塗！我真糊塗！怎麼沒想到牠還有再上青雲的一天呢！」

人生物語：

在工作中，不要等待成功的機會，而要向周圍的每個人學習，虛心請教。更不要在人家陷入困境或有難時奚落他，他們還有東山再起的日子。眼光要長遠，心胸要開闊，善於學習，才能在事業上取得成功。

小和尚的答案

從前，普陀山有座廟，廟裡住著一個老和尚和一個小和尚，他們師徒二人在寺廟中相依為命。

有一天，老和尚給小和尚出了一個問題：「一個愛清潔的人和一個不愛清潔的人一同從外面回來，是愛清潔的人先去洗澡，還是不愛清潔的人先去洗澡？」

小和尚搔了搔頭皮，迅速地答道：「當然是不愛清潔的人先去洗澡，因為他身上髒得很。」老和尚看了看小和尚，不置可否。

小和尚以為自己回答得不正確，又馬上改口說：「一定是那個愛清潔的人先去洗澡。」

老和尚問：「為什麼？」

小和尚胸有成竹地說：「那還不簡單，愛清潔的人大多有愛洗澡的習慣，不愛清潔的人沒有愛洗澡的習慣，只有愛清潔的人才有可能去洗澡。」說完，小和尚等待師傅的誇獎。

出乎意料的是，老和尚不但沒有誇獎小和尚，還說小和尚沒有悟性，小和尚更加莫名其妙了。

「兩個都得去洗澡，愛清潔的有洗澡的習慣，不愛清潔的需要洗澡。」小和尚

只有這樣回答了。可師傅的臉色告訴他，又錯了。

小和尚只剩下最後一個答案，於是怯生生地回答：「兩個都不去洗澡，原因是愛清潔的人很乾淨，不需要洗澡，不愛清潔的人沒有洗澡的習慣。」

他剛說完，老和尚滿意地說：「其實，你已經把四個答案都說出來了，但你每次都認準一個是正確的，所以你的答案是不全面的。生活中這樣的例子並不少見，尤其是在與人交往中，有時並非因為做得不對，而是沒有全面地考慮問題。這個世界是豐富多彩的，一個問題並非只有一個答案。」

人生物語：

我們在面對問題時，可以有很多種解決的辦法，不要只盯住一條路，說不定就不會鑽了牛角尖。工作也是如此，生活也是一樣。

落水者和負重者

拿破崙年輕的時候，一次到郊外打獵，突然聽見有人喊救命，他快步走到河邊一看，見一男子正在水中掙扎。

這河並不寬，拿破崙端起獵槍，對準落水者，大聲喊道：「你若再不自己游上來，我就把你打死在水裡！」那人見求救已無用，反而更添一層危險，便只好奮力自救，終於游上岸來。

拿破崙當了皇帝後，一天清晨，在花園中散步，迎面被身負重物的士兵擋住去路。這時宮廷女衛士長連忙喝令士兵趕快給皇帝讓路，拿破崙卻馬上阻止說：「夫人，請尊重負重者。」並給負重士兵讓開了一條道。

人生物語：

拿破崙拿槍逼迫落水者自救，是想告訴他，自己的生命本應該是自己負責的，唯有負責的生命才是真正有救的生命。「請尊重負重者」，在拿破崙看來，地位的高低是不重要的，重要的是生命肩頭的份量。

賢人與年輕人

一位年輕人拜訪智者求教智能。

「年輕人啊！請隨我一起來。」智者這麼說著，默默地向附近的湖走去。走到湖邊，智者毫不猶豫地跨進湖裡，向湖的深處走去；年輕人無奈，只好跟隨在智者後面。

湖漸漸深起來，水浸沒到年輕人的脖子，可是智者毫不在意年輕人那恐懼的目光，走得更遠了。水終於浸沒了年輕人的頭頂。不久，智者又默默地轉回身，回到湖岸邊。

上岸後，這位智者用試探的口吻問年輕人：「潛入水下時，你有何感覺？除了想上岸之外，還考慮到別的事嗎？」年輕人立即答道：「我只想得到空氣。」

智者慢慢地訓諭道：「正是如此啊！要想求得智能，就要像沉入水下時想得到空氣一樣強烈，才能獲得啊！」

人生物語：

要想得到自己想要的東西，就必須去努力，去爭取。必須要有強烈的慾望，全力以赴，用實際的行動來獲得。

漁夫和小魚

有個漁夫整日以打魚為生。有一天，他運氣不佳，忙了一整天，只網到了一條小魚，而且小魚還勸他另做決定：「漁夫，你放了我吧！你看我這麼小，也不值錢，你要是把我放回海裡，等我長成一條大魚，到那時你再來捉我，不是更划算嗎？」漁夫說：「小魚，你是講得挺有道理的，但是我如果用眼前的實利去換取將來不確切的所謂『大利』，那我恐怕就太愚蠢了。」

要知道，大海可不是漁夫家中的池塘，想什麼就撈什麼。所以切切實實地珍惜每一分收穫是很重要的，只有腳踏實地，方可站得更牢。

人生物語：

從實際出發，腳踏實地去收穫「小魚」，才會有機會捕到「大魚」。珍惜每一分努力收穫的人，才會懂得來之不易的道理。

創新是一種力量

我敢打賭人人都這樣想過：「要是我能像鳥兒一樣飛翔，該有多妙啊！」大多數人都是有「賊」心而沒「賊」膽，但不惜以身相試的也不乏其人。這本來也沒有什麼不對的，但有的人就是死不明白。

公元一〇二〇年，有個叫奧利弗的英國人決心實現這個夙願，他在雙臂上繫上了一條鳥翅，撲騰了二百多米，墜下來。結果跌斷了雙臂和雙腿。儘管他身負重傷，然而似乎還是很開心，他說是他疏忽了，忘了裝上一個鳥尾巴！

無獨有偶，在公元一五〇七年，有個叫約翰的義大利人再次對這一記錄做了勇敢的挑戰。他在蘇格蘭進行了他的試飛計劃，因為鳥毛難尋，他就因地制宜，用雞毛紮了一對翅膀。那天，他披著用雞毛製成的翅膀，從斯多林城堡的高牆上縱身一跳，結果，宛如石頭下落，但很幸運的，他只跌斷了一條腿。約翰異常失望，他長歎了一口氣，懊喪地說：「我犯了一個嚴重的錯誤，我用的是雞毛，而雞是不會飛的。要是換成鳥毛，我相信我是可以飛起來的。」

人生物語：

創新能力是眾多能力中最寶貴的一種，它可以透過教育獲得，在訓練和實踐中提高，是一種偉大的力量。每個人都可以擁有它，從而獲得成功。六祖慧能說：「下下人有上上智」。希望每個人都學會創新，敢於創新，那樣，事業才會有希望，社會才會有希望。

不可猶豫

有一個六歲的小男孩，一天在外面玩耍時，發現一個鳥巢被風從樹上吹落在地，從裡面滾出了一隻嗷嗷待哺的小麻雀。小男孩決定把牠帶回家餵養。

當他托著鳥巢走到家門口的時候，他突然想起媽媽不允許他在家裡養小動物。於是，他輕輕地把小麻雀放在門口，急忙走進屋去請求媽媽。在他的哀求下媽媽終於破例答應了。

小男孩興奮地跑到門口，不料小麻雀已經不見了，他看見一隻黑貓正在意猶未盡地舔著嘴巴。小男孩為此傷心了很久。但從此他也記住了一個教訓：只要是自己認定是正確的事情，絕不可優柔寡斷。

這個小男孩長大後成就了一番事業，他就是華裔電腦名人——王安博士。

人生物語：

做事情不要太猶豫，「前怕龍，後怕虎」肯定會失去到手的已屬於自己的東西。所謂「煮熟的鴨子還會飛」，到時候，後悔就已經晚了。

策略

巴黎的聖馬丁大教堂附近，每日遊客如織，一個盲人在此乞討，他的面前擺著一張紙條，上面寫著：「我一出生就雙眼全盲」的字樣，紙條上邊擺著個破帽子，但並沒有多少人給他錢。

一天，一位美國遊客到此遊玩，見此情景就和他的法國朋友打賭，說他有辦法讓那乞丐的帽子中盛滿錢。法國朋友自然樂於打賭，然後這位從事銷售工作的美國遊客就走上前去，把乞丐的紙條翻過來，在上邊重新寫了幾句話。

說來真怪，自從新句子擺出來後，不一會兒帽子中就裝滿了錢。

紙條上是這樣寫的：「春天來了，各位到此欣賞美景，一定很快樂。而我卻什麼也看不見，因為我一出生就失去了光明。」

人生物語：

可憐的祈求不如變成動心的詩歌，乾巴巴的事實不如變成令人同情的敘說，同樣一件事，卻是兩種截然不同的結果，語言的魅力在此顯現，而我們做其他事的時候，是否也應該這樣呢？

只留一幅

一個美國畫商看中一個印度人的三幅畫，印度人說要二百五十美元，畫商嫌貴。印度人便燒掉其中的一幅。畫商見這麼好的畫被燒掉了，甚感心痛，問印度人剩下的兩幅畫賣多少錢？印度人還是要二百五十美元，畫商又拒絕。

印度人又燒掉了其中一幅畫。

這時，畫商只好乞求道：「千萬別燒掉這最後一幅！」又問印度人這一幅畫要賣多少錢？印度人還是要二百五十美元，畫商說：「難道一幅畫與三幅畫能賣一樣的價錢嗎？」於是印度人把這幅畫的賣價提高到五百美元，最後竟成交了。

有人問印度人為什麼要燒掉兩幅畫？印度人說：「物以稀為貴，再則，美國人收藏名畫，只要他愛上這幅畫是不肯輕易放掉的，所以我燒掉兩幅，留下一幅賣高價。」

人生物語：

聰明的商人明白了「物以稀為貴」的道理和物品的價值，明瞭顧客的心，「趕鴨子上架」，最後，反而賣出了更高的價格，而對方則坐失良機，平添了損失，可謂棋高一招。看來除了做事情不能猶豫外，還得用點心思，弄懂對方的想法才對。

不經歷青澀，怎麼會成熟

一九七一年的一天，在英國倫敦尤斯頓火車站，一個十八歲的小伙子帶著一身風塵良久地徘徊著，目光迷茫。為了實現自己做搖滾明星的夢想，年少氣盛的他獨闖倫敦這座陌生的大都市。

因為他是第一次來到倫敦，城市的繁華和龐雜迷亂，讓這個青年有些不知所措。因為一時沒有找到合適的去處，最後只好到附近一座公園，在一張長椅上睡了一夜。

當年這位初闖倫敦在公園長椅上睡過一夜的青年，就是英國卸任的首相布萊爾。這是他在進入大學就讀前遊歷時發生的一件事。

三十多年後，他的夫人謝麗在唐寧街十號的一次招待會上向來賓們講述了這件陳年舊事，聽者無不感到震驚和難以置信。首相府發言人隨即鄭重聲明確有其事，強調當時不是因為缺少錢，而是他初來倫敦，身在異鄉，一時間找不到合適的落腳點所做出的選擇。如今的布萊爾作為英國首相可以說是聞名天下，位高權重，即便這樣，他也曾經有過年少懵懂的青澀歲月。

人生物語：

有作為的人，也有「青澀」的歲月，這也是人生的歷練。把青澀當作成功路上的新的起點，不迷失，不自卑，而是去挑戰未來，在打拼中成熟，在成熟中成功！

獵殺山雞

有一位老獵人帶著三個孩子，到森林裡去打山雞。

他們到了森林。

父親問老大：「你看到了什麼？」

老大回答：「我看到了獵槍，還有山雞，還有一望無際的森林。」

父親搖搖頭。

父親以同樣的問題問老二。

老二回答說：「我看見了爸爸、大哥、弟弟、獵槍，還有森林。」

父親又搖搖頭。

父親又以同樣的問題問老三。

老三回答：「我只看到了山雞。」

父親高興地說：「你答對了。」

人生物語：

明確目標，盯緊目標，其他的都是干擾。成功來自於目標的明確和堅定，即目標要具體、量化。

成功的道理其實很簡單

一頭老駱駝在垂暮之年，又一次穿越了號稱「死亡之海」的千里沙漠，凱旋歸來。馬和驢請老駱駝去介紹經驗。

「其實沒有什麼好說的，」老駱駝說，「認準目標，耐住性子，一步一步往前走，就到達了目的地。」

「就這些？沒有了？」馬和驢問。

「沒有了，就這些。」駱駝平靜地說道。

「唉！」馬說，「我以為牠能說出一些驚人的話來，誰知三言兩語就說完了。」馬失望地走開了。

「一點也不精彩，太令人失望了。」驢也走了。

人生物語：

成功很簡單，也很單調，那就是駱駝樸實的話中所包含的道理：認準目標，耐住性子，一步一步往前走，就能到達目的地。成功沒有太多的豪言壯語和掌聲鮮花，那些不過是成功後的點綴而已。

等待時機的人

有個年輕人茫然地靠在一塊石頭上曬著太陽。這時，從遠處走來一個矮個老人。

「年輕人，你在做什麼？」矮個老人問。

「我在這裡等待時機。」他回答。

「等待時機？哈哈！你知道什麼是時機嗎？」矮個老人問。

「不知道。不過，聽說時機是個很神奇的東西，它只要來到你身邊，那麼，你就會走運，或者當了官，或者發了財，或者娶個漂亮老婆，或者……反正，美極了。」

「嗨！你連時機是什麼樣子都不知道，還等什麼時機？還是跟著我走吧！讓我帶著你去做幾件對你有益的事情吧！」矮個老人說著就要來拉他。

「不去，不去！少來煩我！我才不跟你走呢！」他不耐煩地說。

矮個老人歎息著離去。一會兒，一位長鬚老人來到他面前：「你抓住他了嗎？」

「抓住他？他是什麼？」他問。

「他就是時機呀！」

人生物語：

機遇來臨時，就要抓住它。但也只有行動起來，才能抓住它，等、靠是不會得到機遇的，應該自己不斷的把握和創造。

館長的謊話

博物館被偷！幾件鎮館之物不翼而飛。專家分析這絕不是一個人幹的，而且必定都是行家，根據推算至少有五個人才幹得了。政府開始懸賞，博物館的館長也接受了電視訪問。他顫抖著說：「十六件全是精品，尤其是那只水晶杯，更是舉世無雙，愛珠寶的人，千萬不能收藏，遲早會被發現的！因為那水晶杯太好了，任何人都能一眼就看出來，它是價值連城的寶貝。」果然，沒多久就破了案。

一群竊賊雖然計劃周詳，沒留下任何線索，卻因為內部不合，兩派開火，而被發現。受傷的竊賊，躺在床上吐露出了實情：「當時由我和另外一個人進去，我們只偷了十五幅畫，根本沒有什麼水晶杯，可是外面的幾個人不信，非要我們把水晶杯交出來，後來連我朋友都認為是我獨吞了。」受傷的竊賊大聲喊著，「我沒有拿！我真的沒有拿！你們要相信我！」博物館長在驗收十五幅畫之後，笑道，「感謝上天，十五幅畫完整無缺地回來了。至於水晶杯，唉，我們館裡何曾有過啊！」

人生物語：

館長可謂高明，用離間之計使寶物失而復得。而對於企業來說，則應團結一致，內耗會導致集體的瓦解、崩潰，會使團隊傾覆。

一百元假鈔

有一個商場招聘員工，經過篩選後，三個女孩參加了第二天的複試。

複試由老闆把關。當第一個女孩走進老闆的辦公室時，老闆拿出一張一百元的鈔票，要這位小姐到樓下去給他買一包香菸。這個女孩覺得自己還沒有被正式錄用，就被老闆無端指使很過分，將來的工作一定會有很多麻煩事，於是乾脆拒絕了老闆的要求，離開了老闆的辦公室。

第二個女孩走進辦公室後，老闆也拿出了一張一百元的鈔票，要她去買一包香菸。這個女孩很想給老闆留下好印象，於是爽快地答應了。可是，當她走到樓下買香菸時，才發現這張鈔票是假的，但她還是用自己的錢買了菸，又把找來的零錢全部交給了老闆，對假鈔的事隻字未提。

第三個女孩也同樣被要求去買香菸。當她接過老闆遞過來的一百元鈔票時並沒有轉身就走，而是很自然地看了看鈔票，並很客氣地要求老闆另外再給她一張鈔票。老闆微笑著拿回了那張一百元的假鈔。最後第三位小姐被錄用了。

人生物語：

工作中要保持認真仔細的態度，並對自己的行為負責。做到敬業、冷靜、理智、不卑不亢、全心投入，自然會令人敬佩。

天天快樂幸福學

編　　著　麥筱晴
出 版 者　大拓文化事業有限公司
執行編輯　林秀如
封面設計　林鈺恆
內文排版　姚恩涵

總 經 銷　永續圖書有限公司
劃撥帳號　18669219
地　　址　22103 新北市汐止區大同路三段一九十四號九樓之一
TEL　(〇二)八六四七—三六六三
FAX　(〇二)八六四七—三六六〇
E-mail　yungjiuh@ms45.hinet.net
網　址　www.foreverbooks.com.tw

CVS代理　美璟文化有限公司
TEL　(〇二)二七二三—九九六八
FAX　(〇二)二七二三—九六六八

法律顧問　方圓法律事務所　涂成樞律師

出 版 日◇二〇一九年十月

國家圖書館出版品預行編目資料

天天快樂幸福學 / 麥筱晴編著. -- 初版.
-- 新北市 : 大拓文化, 民108.10
面 ;　公分. -- (正面思考 ; 69)
ISBN 978-986-411-105-3(平裝)
1.修身 2.生活指導

192.1　　　108013656

謝謝您購買 **天天快樂幸福學** 這本書！

即日起，詳細填寫本卡各欄，對折免貼郵票寄回，我們每月將抽出一百名回函讀者寄出精美禮物，並享有生日當月購書優惠！

想知道更多更即時的消息，歡迎加入"永續圖書粉絲團"

您也可以利用以下傳真或是掃描圖檔寄回本公司信箱，謝謝。

傳真電話：（02）8647-3660　　信箱：yungjiuh@ms45.hinet.net

☺ 姓名：＿＿＿＿＿＿　□男　□女　　□單身　□已婚

☺ 生日：＿＿＿＿＿＿　□非會員　　□已是會員

☺ E-Mail：＿＿＿＿＿＿　電話：（　）＿＿＿＿

☺ 地址：＿＿＿＿＿＿

☺ 學歷：□高中及以下　□專科或大學　□研究所以上　□其他＿＿＿

☺ 職業：□學生　□資訊　□製造　□行銷　□服務　□金融

□傳播　□公教　□軍警　□自由　□家管　□其他＿＿＿

☺ 您購買此書的原因：□書名　□作者　□內容　□封面　□其他＿＿＿

☺ 您購買此書地點：＿＿＿＿＿＿　金額：＿＿＿

☺ 建議改進：□內容　□封面　□版面設計　□其他＿＿＿

您的建議：＿＿＿＿＿＿